Edition publiée en France 1997
par Chambers Harrap Publishers Ltd
7 Hopetoun Crescent, Edinburgh EH7 4AY
Grande-Bretagne

ISBN 0 245 50323 4

Réimprimé 1997, 1998

Dépôt légal : février 1997

Imprimé en France

HARRAP
GRAMMAI
ANGLAIS

par

LEXUS

avec

Gert Ronberg

Reti
COLLECT

HARRAP

Introduction

Cette grammaire anglaise a été conçue pour répondre aux besoins de ceux qui pratiquent et étudient l'anglais. Du débutant à l'utilisateur plus avancé, elle permet d'acquérir et/ou de réviser les mécanismes de la langue anglaise.

Les règles essentielles sont clairement expliquées et illustrées de très nombreux exemples de la vie quotidienne. Un glossaire des termes grammaticaux de la page 8 à la page 15 permet de se repérer et de mieux comprendre les termes techniques employés.

Cette grammaire de poche, très vivante et représentative de l'anglais d'aujourd'hui, est l'outil de référence idéal pour ceux qui recherchent un ouvrage pratique et accessible.

Table des Matières

1 Glossaire des Termes Grammaticaux

ABSTRAIT

Un nom abstrait est un nom qui ne désigne pas un objet physique ou une personne, mais une qualité ou un concept. *Bonheur*, *vie*, *longueur* sont des exemples de noms abstraits.

ACTIF

L'actif ou la voix active est la forme de base du verbe, comme dans *je le surveille*. Elle s'oppose à la forme passive (*il est surveillé par moi*).

ADJECTIF

C'est un mot qui décrit un nom. Parmi les adjectifs on distingue les adjectifs qualificatifs (*une* **petite** *maison*), les adjectifs démonstratifs (**cette** *maison*), les adjectifs possessifs (**ma** *maison*), etc.

ADJECTIF SUBSTANTIVE

C'est un adjectif employé comme nom. Par exemple l'adjectif *jeune* peut aussi s'employer comme nom, comme dans *il y a beaucoup de jeunes ici*.

ADVERBE

Les adverbes accompagnent normalement un verbe pour ajouter une information supplémentaire en indiquant **comment** l'action est accomplie (adverbe de manière), **quand**, **où** et **avec quelle intensité** l'action est accomplie (adverbes de temps, de lieu et d'intensité), ou **dans quelle mesure** l'action est accomplie (adverbes de quantité). Certains adverbes peuvent aussi s'employer avec un adjectif ou un autre adverbe (par exemple *une fille* **très** *mignonne*, **trop** *bien*).

APPOSITION

On dit qu'un mot ou une proposition est en apposition par rapport à un autre mot ou une autre proposition lorsque l'un ou l'autre est placé directement après le nom ou la proposition, sans y être relié par aucun mot (par exemple *M. Duclos,* **notre directeur***, a téléphoné ce matin*).

ARTICLE DEFINI

Les articles définis sont *le, la, les* en français. Ils correspondent tous à **the** en anglais.

ARTICLE INDEFINI

Les articles indéfinis sont *un, une* en français. Ils correspondent à **a** (ou **an**) en anglais.

ASPECT

L'aspect correspond à la manière dont on envisage l'action et son déroulement dans le temps. On distingue l'aspect simple, l'aspect progressif (ou continu) et le 'perfect'.

ATTRIBUT

Groupe nominal placé juste après le verbe 'être'. Dans la phrase *he is a school teacher*, *a school teacher* est l'attribut.

AUXILIAIRE

Les auxiliaires sont employés pour former les temps composés d'autres verbes, par exemple dans **he has gone** (il est parti), **has** et 'est' sont les auxiliaires. En anglais on distingue les 'auxiliaires ordinaires' (**have**, **be**, **do**), et les 'auxiliaires modaux', ou 'défectifs' (**can**, **could**, **may**, etc.). Voir MODAL.

CARDINAL

Les nombres cardinaux sont *un, deux, trois*, etc. On les oppose aux nombres ordinaux. Voir ORDINAL.

COLLECTIF

Un collectif est un nom qui désigne un groupe de gens ou de choses, mais qui est au singulier. Par exemple **flock** (troupeau) et **fleet** (flotte) sont des collectifs.

COMPARATIF

Le comparatif des adjectifs et des adverbes permet d'établir une comparaison entre deux personnes, deux choses ou deux actions. En français on emploie *plus ... que, moins ... que* et *aussi ... que* pour exprimer une comparaison.

COMPLEMENT D'OBJET DIRECT

Groupe nominal ou pronom qui accompagne un verbe sans préposition entre les deux. Par exemple *j'ai rencontré* **un ami**.

COMPLEMENT D'OBJET INDIRECT

Groupe nominal ou pronom qui suit un verbe, normalement séparé de ce dernier par une préposition (en général **à**) : *je parle* **à mon ami**. Vous noterez qu'en français comme en anglais on omet souvent la préposition devant un pronom. Par exemple dans *je lui ai envoyé un cadeau, lui* est l'équivalent de *à lui* : c'est le complément d'objet indirect.

CONDITIONNEL

Mode verbal employé pour exprimer ce que quelqu'un ferait ou ce qui arriverait si une condition était remplie, par exemple **il viendrait** *s'il le pouvait*; *la chaise* **se serait cassée** *s'il s'était assis dessus*.

CONJONCTION

Les conjonctions sont des mots qui relient deux mots ou propositions. On distingue les conjonctions de coordination, comme *et, ou, or*, et les conjonctions de subordination comme *parce que, après que, bien que*, qui introduisent une proposition subordonnée.

CONJUGAISON

La conjugaison d'un verbe est l'ensemble des formes d'un verbe à des temps et des modes différents.

CONTINU

Voir FORME PROGRESSIVE.

DEFECTIF

Voir MODAL.

DEMONSTRATIF

Les adjectifs démonstratifs (*ce, cette, ces*, etc.) et les pronoms démonstratifs (*celui-ci, celui-là*, etc.) s'emploient pour désigner une personne ou un objet bien précis.

DENOMBRABLE

Un nom est dénombrable s'il peut avoir un pluriel et si on peut l'employer avec un article indéfini. Par exemple **house** (maison), **car** (voiture), **dog** (chien).

EXCLAMATION

Mots ou phrases employés pour exprimer une surprise, une joie ou un mécontentement, etc. (*quoi !, comment !, quelle chance !, ah non !*).

FAMILIER

Le langage familier est le langage courant d'aujourd'hui employé dans la langue parlée, mais pas à l'écrit, comme dans les lettres officielles, les contrats, etc.

FORME PROGRESSIVE

La forme progressive d'un verbe se forme avec **to be** + **participe présent**, comme dans : *I am thinking, he has been writing all day, will she be staying with us?* On l'appelle aussi forme continue.

GERONDIF

Le gérondif est aussi appelé 'verbe substantivé'. En anglais, il a la même forme que le **participe présent** d'un verbe, c.-à-d. radical + **ing**. Par exemple **skiing is fun** *le ski, c'est amusant,* **I'm fed up with waiting** *j'en ai assez d'attendre.*

IDIOMATIQUE

Les expressions idiomatiques (ou idiomes) sont des expressions qui ne peuvent normalement pas se traduire mot à mot dans une autre langue. Par exemple *he thinks he's the cat's whiskers* correspond en français à *il se croit sorti de la cuisse de Jupiter.*

IMPERATIF

On emploie ce mode pour exprimer un ordre (par exemple *va-t'en, tais-toi !*) ou pour faire des suggestions (*allons-y*).

INDENOMBRABLE

Les noms indénombrables sont des noms qui n'ont normalement pas de pluriel, par exemple *le beurre, la paresse.*

INDICATIF

C'est le mode le plus courant, celui qui décrit l'action ou l'état, comme dans *j'aime, il est venu, nous essayons.* Il s'oppose au subjonctif, au conditionnel et à l'impératif.

INFINITIF

L'infinitif en anglais est la forme de base, comme on la trouve dans les dictionnaires précédée ou non de **to** : **to eat** ou **eat**. On appelle cette forme sans **to** le radical.

INTERROGATIF

Les mots interrogatifs sont employés pour poser des questions, par exemple *qui ? pourquoi ?* La forme interrogative d'une phrase est la question, par exemple *le connaît-il ?, dois-je le faire ?, peuvent-ils attendre un peu ?*

MODAL

Les auxiliaires modaux en anglais sont **can/ could**, **may/might**, **must/had to**, **shall/ should**, **will/would**, de même que **ought to**, **used to**, **dare** et **need**. Une de leurs caractéristiques est qu'aux formes interrogative et négative, ils se construisent sans **do**.

MODE

Le mode représente l'attitude du sujet parlant vis-à-vis de l'action dont il est question dans la phrase. Voir INDICATIF, SUBJONCTIF, CONDITIONNEL, IMPERATIF.

NOM

Mot servant à désigner une chose, un être animé, un lieu ou des idées abstraites. Par exemple *passeport, chat, magasin, vie*. On distingue aussi les dénombrables, les indénombrables et les collectifs. Voir DENOMBRABLE, INDENOMBRABLE et COLLECTIF.

NOMBRE

Le nombre d'un nom indique si celui-ci est **singulier** ou **pluriel**. Un nom singulier fait référence à une seule chose ou à une seule personne (*train, garçon*), et un nom pluriel à plusieurs (*trains, garçons*).

OBJET DIRECT

Voir COMPLEMENT.

OBJET INDIRECT

Voir COMPLEMENT.

ORDINAL

Les nombres ordinaux sont *premier, deuxième, troisième*, etc.

PARTICIPE PASSE En français c'est la forme *mangé, vendu*, etc. Le participe passé anglais est la forme verbale employée après *have*, comme dans *I have* **eaten**, *I have* **said**, *you have* **tried**, *it has been* **rained on**.

PARTICIPE PRESENT Le participe présent en anglais est la forme verbale qui se termine en *-ing*.

PASSIF Un verbe est au passif ou à la voix passive lorsque le sujet ne fait pas l'action mais la subit : *les tickets sont vendus à l'entrée*. En anglais, la voix passive est formée avec le verbe **to be** et le participe passé du verbe, par exemple **he was rewarded** *il fut récompensé*.

PAST PERFECT Voir PERFECT.

PERFECT C'est l'aspect qui peut exprimer une action accomplie ou une action du passé qui se poursuit dans le présent. On distingue le *present perfect*, comme dans **I have seen** (j'ai vu), le *past perfect* (ou *pluperfect*) comme dans **I had seen** (j'avais vu).

PERSONNE Pour chaque temps, il y a trois personnes du singulier (1ère : *je*, 2ème : *tu*, 3ème : *il/elle/on*) et trois personnes du pluriel (1ère : *nous*, 2ème : *vous*, 3ème : *ils/elles*).

PHRASE Une phrase est un groupe de mots qui peut être composé d'une ou de plusieurs propositions (voir PROPOSITION). La fin d'une phrase est en général indiquée par un point, un point d'exclamation ou un point d'interrogation.

PLUPERFECT Voir PERFECT.

PLURIEL Voir NOMBRE.

POSSESSIF Les adjectifs ou les pronoms possessifs s'emploient pour indiquer la possession ou l'appartenance. Ce sont des mots comme *mon/le mien, ton/le tien, notre/le nôtre*, etc.

PRESENT PERFECT Voir PERFECT.

PRONOM

Un pronom est un mot qui remplace un nom. Il en existe différentes catégories :

* **pronoms personnels** (*je, me, moi, tu, te, toi, etc.*)

* **pronoms démonstratifs** (*celui-ci, celui-là,* etc.)

* **pronoms relatifs** (*qui, que,* etc.)

* **pronoms interrogatifs** (*qui ?, quoi ?, lequel ?,* etc.)

* **pronoms possessifs** (*le mien, le tien,* etc.)

* **pronoms réfléchis** (*me, te, se,* etc.)

* **pronoms indéfinis** (*quelque chose, tout,* etc.)

PROPOSITION

Une proposition est un groupe de mots qui contient au moins un sujet et un verbe : *il chante* est une proposition. Une phrase peut être composée de plusieurs propositions : *il chante/quand il prend sa douche/et qu'il est content.*

PROPOSITION SUBORDONNEE

Une proposition subordonnée est une proposition qui dépend d'une autre. Par exemple dans *il a dit qu'il viendrait, qu'il viendrait* est la proposition subordonnée.

QUESTIONS

Il existe deux types de questions : les questions au style **direct**, qui sont des questions telles qu'elles ont été posées, avec un point d'interrogation (par exemple, *quand viendra-t-il ?*) ; les questions au style **indirect**, qui sont introduites par une proposition et ne nécessitent pas de point d'interrogation (par exemple *je me demande quand il viendra*).

RADICAL

Voir INFINITIF.

REFLECHI

Les verbes réfléchis 'renvoient' l'action sur le sujet (par exemple *je me suis habillé*). Ils sont moins nombreux en anglais qu'en français.

SINGULIER	Voir NOMBRE.
SUBJONCTIF	Par exemple *il faut que je* **sois** *prêt*, **vive** *le Roi*. Le subjonctif est un mode qui n'est pas très souvent employé en anglais.
SUJET	Le sujet d'un verbe est le nom ou le pronom qui accomplit l'action. Dans les phrases *je mange du chocolat* et *Pierre a deux chats*, *je* et *Pierre* sont des sujets.
SUPERLATIF	C'est la forme d'un adjectif ou d'un adverbe qui, en français, se construit avec *le plus ..., le moins ...*.
TEMPS	Le temps d'un verbe indique quand l'action a lieu, c'est-à-dire le présent, le passé, le futur.
TEMPS COMPOSE	Les temps composés sont les temps qui se construisent avec plus d'un élément. En anglais, ils sont formés par l'**auxiliaire** et le participe **présent** ou **passé** du verbe conjugué. Par exemple *I am reading, I have gone*.
VERBE	Le verbe est un mot qui décrit une action (*chanter, marcher*). Il peut aussi décrire un état (*être, paraître, espérer*).
VERBE COMPOSE	Un verbe composé (en anglais) est un verbe comme *ask for* ou *run up*. Son sens est généralement différent de la somme des sens des deux parties qui le composent, par exemple **he goes in for skiing in a big way** *il adore faire du ski* (différent de : **he goes in for a medical next week** *il va se faire examiner la semaine prochaine*), **he ran up an enormous bill** *ça lui a fait une note énorme* (différent de : **he ran up the road** *il a monté la rue en courant*).
VOIX	Il existe deux voix pour les verbes : la voix active et la voix passive. Voir ACTIF et PASSIF.

2 Les Articles

A LES FORMES

a) L'article indéfini 'un/une' se traduit par **a** devant une consonne et par **an** devant une voyelle :

a cat	un chat
an owl	une chouette
a dog	un chien
an umbrella	un parapluie

Il est cependant important de se souvenir que l'on emploie **a/an** selon que l'initiale du mot qui suit se prononce comme une voyelle ou non. Ainsi le 'h' muet est précédé de **an** :

an hour	une heure
an heir	un héritier
an honest man	un honnête homme

Il en est de même pour les abréviations commençant phonétiquement par une voyelle :

an MP	un député

En revanche, la diphtongue se prononçant 'iou' et qui s'écrit 'eu' ou 'u' est précédée de **a** :

a university	une université
a eucalyptus tree	un eucalyptus
a union	un syndicat

Avec le mot **hotel**, on peut employer soit **a** ou **an**, bien que dans le langage parlé, on préfère l'emploi de **a**.

b) L'article défini 'le', 'la', 'les' se traduit toujours par **the** :

the cat	le chat
the owl	la chouette
the holidays	les vacances

On peut prononcer le **e** de **the** un peu comme un 'i' français lorsque le mot qui suit commence phonétiquement par une voyelle (voir a) ci-dessus), comme pour **the owl**, ou lorsqu'il est accentué :

he's definitely the man for the job
voilà vraiment l'homme qu'il faut pour ce travail

B LA POSITION DE L'ARTICLE

L'article précède le nom et tout adjectif (avec ou sans adverbe) placé devant un nom :

> **a smart hat/the smart hat**
> un chapeau élégant/le chapeau élégant

> **a very smart hat/the very smart hat**
> un chapeau très élégant/le chapeau très élégant

Cependant **all** et **both** précèdent l'article défini :

> **they had all the fun**
> ce sont eux qui se sont bien amusés

> **both the men** (= both men) **were guilty**
> les deux hommes étaient tous les deux coupables

Et les adverbes **quite** et **rather** précèdent normalement l'article :

> **it was quite/rather a good play**
> c'était une assez bonne pièce

> **it was quite the best play I've seen**
> c'était vraiment la meilleure pièce que j'aie jamais vue

Cependant, **quite** et **rather** se placent parfois *après* l'article indéfini comme dans :

> **that was a rather unfortunate remark to make**
> c'était une remarque plutôt regrettable

> **that would be a quite useless task**
> ce serait une tâche tout à fait inutile

Les adverbes **too**, **so** et **as** précèdent l'adjectif et l'article indéfini. On a donc la construction :

> **too/so/as** + adjectif + article + nom :

> **if that is not too great a favour to ask**
> si ce n'est pas trop vous demander

> **never have I seen so boring a film**
> je n'ai jamais vu de film aussi ennuyeux

> **I have never seen as fine an actor as Olivier**
> je n'ai jamais vu d'acteur aussi bon qu'Olivier

On peut aussi trouver **many a** (plus d'un), **such a** (un tel) et **what a** (quel !) :

    many a man would do the same
    plus d'un homme ferait la même chose

    she's such a fool
    elle est tellement idiote

    what a joke!
    quelle blague !

Remarquez qu'avec **such**, l'adjectif suit l'article indéfini, tandis qu'avec **so**, il le précède (voir aussi ci-dessus) :

    I have never seen such a beautiful painting
    je n'ai jamais vu une peinture aussi belle

    I have never seen so beautiful a painting
    je n'ai jamais vu une peinture aussi belle

Half (la moitié de) aussi précède habituellement l'article :

    half the world knows about this
    presque tout le monde est au courant

    I'll be back in half an hour
    je serai de retour dans une demi-heure

Mais si **half** et le nom forment un mot composé, l'article se place en premier :

    why don't you buy just a half bottle of rum?
    pourquoi n'achètes-tu pas juste une demi-bouteille de rhum ?

C'est-à-dire une petite bouteille de rhum. Comparez :

    he drank half a bottle of rum
    il a bu la moitié d'une bouteille de rhum

C L'EMPLOI DES ARTICLES

1 L'article indéfini (a, an)

Normalement l'article défini s'emploie uniquement pour les noms dénombrables, mais comme nous le verrons p. 31, on peut discuter le fait qu'un nom soit dénombrable ou pas.

a) Devant un nom générique, pour faire référence à une catégorie ou à une espèce :

a mouse is smaller than a rat
une souris est plus petite qu'un rat

A mouse et **a rat** représentent les souris et les rats en général. Avec une légère différence de sens, l'article défini peut aussi s'employer devant un terme générique. Voir ci-dessous p. 21.

Remarquez que le terme générique **man** représentant l'humanité (à la différence de **a man**, **a male human being** 'un homme') ne prend pas l'article :

a dog is man's best friend
le chien est le meilleur ami de l'homme

b) Avec des noms attributs du sujet ou dans des appositions, ou bien après **as**, en particulier avec des noms de métiers à la différence du français :

he is a hairdresser
il est coiffeur

she has become a Member of Parliament
elle est devenue député

Miss Behrens, a singer of formidable range, had no problems with the role
Miss Behrens, chanteuse au registre de voix extraordinaire, n'a eu aucun problème à tenir le rôle

John Adams, a real tough guy, was leaning casually on the bar
John Adams, un vrai dur, était appuyé négligemment au bar

he used to work as a skipper
il travaillait comme capitaine

L'article indéfini s'emploie dans de tels cas lorsque le nom fait partie d'un groupe. S'il n'y a pas appartenance à un groupe, on omet l'article, comme dans l'exemple suivant, où la personne mentionnée est unique :

she is now Duchess of York
elle est maintenant duchesse d'York

Professor Draper, head of the English department
le Professeur Draper, chef du département d'anglais

Si le nom fait référence à une caractéristique plutôt qu'à une appartenance à un groupe, on omet aussi l'article (on l'omet toujours après **turn**) :

he turned traitor
il s'est vendu à l'ennemi

surely you're man enough to stand up to her
tu es sûrement homme à lui tenir tête

mais: **be a man!**
sois un homme !

Si on a une liste de mots en apposition, on peut omettre l'article :

Maria Callas, opera singer, socialite and companion of Onassis, died in her Paris flat yesterday
Maria Callas, cantatrice, membre de la haute société et compagne d'Onassis, est morte hier à Paris, dans son appartement

On emploie l'article défini **the** pour une personne célèbre (ou pour distinguer une personne d'une autre ayant le même nom) :

Maria Callas, the opera singer
Maria Callas, la cantatrice

c) Comme préposition

L'article indéfini peut s'employer dans le sens de 'par', comme dans les exemples suivants :

haddock is £1.80 a kilo
le haddock est à 1,80 livres le kilo

take two tablets twice a day
prenez deux comprimés deux fois par jour

d) Avec **little** ('peu de' + *sing.*) et **few** ('peu de' + *pl.*)

L'article indéfini qui accompagne ces deux mots indique un sens positif (un peu de). Employés seuls, **little** et **few** ont un sens négatif :

she needs a little attention (= some attention)
elle a besoin d'un peu d'attention

she needs little attention (= hardly any attention)
elle a besoin de peu d'attention

they have a few paintings (= some)
ils ont quelques tableaux

they have few paintings (= hardly any)
ils ont peu de tableaux

Cependant **only a little/few** signifient plus ou moins la même chose que **little/few**, qui sont moins courants :

I have only a little coffee left (= hardly any)
il ne me reste presque plus de café

I can afford only a few books (= hardly any)
je ne peux me permettre d'acheter que quelques livres

Remarquez aussi l'expression **a good few**, qui équivaut à 'pas mal de' en français :

there are a good few miles to go yet
il y a encore pas mal de miles à parcourir

he's had a good few (to drink)
il a pas mal bu

2 L'article défini (the)

a) L'article défini s'emploie avec des noms dénombrables et des noms indénombrables :

the butter (indénombrable)		le beurre
the cup (sing. dénombrable)		la tasse
the cups (pl. dénombrable)		les tasses

b) Comme l'article indéfini, l'article défini peut s'employer devant un nom générique. Il paraît alors plus scientifique :

the mouse is smaller than the rat (comparez avec 1a) ci-dessus)
la souris est plus petite que le rat

when was the potato first introduced to Europe?
quand est-ce que la pomme de terre fut introduite en Europe pour la première fois ?

c) Un groupe prépositionnel après un nom peut avoir pour fonction soit de définir ou préciser le nom, soit de le décrire. S'il définit le nom, il faut employer l'article défini :

I want to wear the trousers on that hanger
je veux mettre le pantalon qui est sur ce cintre

she has just met the man of her dreams
elle vient juste de rencontrer l'homme de sa vie

the parcels from Aunt Mary haven't arrived yet
les paquets de tante Mary ne sont pas encore arrivés

Si par contre le groupe prépositionnel sert à décrire ou à classifier plutôt qu'à définir, on omet normalement l'article :

everywhere we looked we saw trousers on hangers
partout où nous regardions nous voyions des pantalons sur des cintres

knowledge of Latin and Greek is desirable
des connaissances en latin et en grec sont souhaitées

presence of mind is what he needs
ce qu'il lui faut, c'est de la présence d'esprit

I always love receiving parcels from Aunt Mary
j'aime toujours recevoir des paquets de tante Mary

Dans la phrase :

the presence of mind that she showed was extraordinary
la présence d'esprit dont elle a fait preuve était extraordinaire

l'emploi de **the** est obligatoire parce que l'on fait référence à un exemple de présence d'esprit bien précis, comme le fait apparaître la proposition relative qui suit.

Cependant, quand le complément du nom introduit par **of** sert à la fois à décrire et à définir le nom, c'est-à-dire que le nom n'est ni totalement général, ni totalement spécifique, on emploie l'article défini :

the women of Paris (= women from Paris, in general)
les femmes de Paris

the children of such families (= children from such families)
les enfants de telles familles

d) L'omission de l'article défini

A la différence du français, l'omission de l'article défini en anglais est très fréquente. Ainsi un grand nombre de noms ne sont pas précédés de l'article s'ils font référence à une fonction ou à des caractéristiques en général, plutôt qu'à l'objet. Ces catégories de noms comprennent :

i) les institutions, par exemple :

church   l'église
prison   la prison

college	le collège d'enseignement supérieur
school	l'école
court	le tribunal
university	l'université
hospital	l'hôpital

Exemples:

do you go to church?
tu vas à la messe (tous les dimanches) ?

she's in hospital again and he's in prison
elle est encore une fois à l'hôpital et il est en prison

aren't you going to school today?   **Joan is at university**
tu ne vas pas à l'école aujourd'hui ?   Joan est à l'université

Cependant, en anglais américain on préfère l'emploi de l'article défini devant **hospital** :

Wayne is back in the hospital
Wayne est de retour à l'hôpital

Si le nom fait référence à un objet physique (le bâtiment) plutôt qu'à sa fonction, on emploie alors **the** :

walk up to the church and turn right
allez jusqu'à l'église, puis tournez à droite

the taxi stopped at the school
le taxi s'est arrêté devant l'école

The s'emploie aussi pour désigner un nom défini ou précisé par le contexte :

at the university where his father studied
à l'université où son père a étudié

she's at the university
elle est à l'université (dans cette ville, etc.)

Pour faire référence à l'institution en général, on emploie l'article :

the Church was against it
l'Eglise était contre

ii) les moyens de transport précédés de **by** :

we always go by bus/car/boat/train/plane
nous partons toujours en bus/en voiture/en bateau/par le train/
par avion

iii) les repas :

can you meet me before lunch?
tu peux me voir avant le déjeuner ?

buy some haddock for tea, will you?
achète du haddock pour le dîner, veux-tu ?

Mais si l'on fait référence à une occasion précise, on emploie
l'article. Ainsi il existe une grande différence entre :

I enjoy lunch   j'aime le déjeuner
et :
I am enjoying the lunch   j'apprécie ce déjeuner

Dans le premier cas, on fait référence au plaisir de manger à
midi ; dans le second cas à un repas particulier.

iv) les moments de la journée et de la nuit après une préposition
autre que **in** et **during** :

I don't like going out at night
je n'aime pas sortir le soir/la nuit

these animals can often be seen after dusk
on peut souvent voir ces animaux après le crépuscule

they go to bed around midnight
ils vont se coucher vers minuit

mais :

see you in the morning!
à demain matin !

if you feel peckish during the day, have an apple
si tu as faim dans la journée, mange une pomme

v) les saisons, en particulier pour exprimer un contraste par rapport
à une autre saison plutôt que pour faire référence à une période
de l'année. Ainsi :

spring is here! (winter is over)
le printemps est là (l'hiver est fini)

it's like winter today
on se croirait en hiver aujourd'hui

mais :

the winter was spent at expensive ski resorts
on passait l'hiver dans des stations de ski de luxe

he needed the summer to recover
il avait besoin de l'été pour récupérer

Après **in**, on emploie parfois l'article défini, avec très peu de différence de sens entre les deux cas :

most leaves turn yellow in (the) autumn
la plupart des feuilles deviennent jaunes en automne

En anglais américain, on préfère l'emploi de **the**.

vi) dans les combinaisons **next/last** dans les expressions de temps :

Si de telles expressions sont envisagées par rapport au présent, on n'emploie normalement pas l'article :

can we meet next week?
est-ce qu'on peut se voir la semaine prochaine ?

he was drunk last night
il était ivre hier soir/la nuit dernière

Dans les autres cas on emploie l'article :

we arrived on March 31st and the next day was spent relaxing by the pool
nous sommes arrivés le 31 mars et on a passé le jour suivant à se relaxer près de la piscine

vii) avec des noms abstraits :

a talk about politics
un discours sur la politique

a study of human relationships
une étude sur les relations humaines

suspicion is a terrible thing
le soupçon est une chose terrible

Mais, bien sûr, lorsque le mot est précisé, on emploie l'article (voir 2c) ci-dessus) :

the politics of disarmament
la politique de désarmement

viii) avec certaines maladies :

he has diabetes
il a du diabète

I've got jaundice
j'ai la jaunisse

Cependant, pour certaines maladies communes, on peut employer l'article dans un anglais un peu plus familier :

she has (the) flu
elle a la grippe

he's got (the) measles
il a la rougeole

ix) avec les noms de couleurs :

red is my favourite colour
le rouge est ma couleur préférée

x) avec les noms de matériaux, d'aliments, de boissons, et de corps chimiques, etc. :

oxygen is crucial to life
l'oxygène est indispensable à la vie

concrete is used less nowadays
on emploie moins le béton de nos jours

I prefer corduroy
je préfère le velours côtelé

it smells of beer
ça sent la bière

xi) devant les noms de langues et de matières scolaires :

German is harder than English
l'allemand est plus difficile que l'anglais

Remarquez ici l'emploi des majuscules en anglais.

I hate maths   je déteste les maths

xii) devant les noms pluriels à sens général :

he loves antiques
il adore les antiquités

he's frightened of dogs
il a peur des chiens

e) L'article défini n'est normalement pas employé lorsque l'on fait référence à des noms de pays, de comtés, d'états :

Switzerland	la Suisse
England	l'Angleterre
Sussex	le Sussex
Texas	le Texas
in France	en France
to America	en Amérique

i) mais il existe quelques exceptions :

the Yemen	le Yémen
(the) Sudan	le Soudan
(the) Lebanon	le Liban

et lorsque le nom du pays est qualifié :

the People's Republic of China	**the Republic of Ireland**
la République Populaire de Chine	la République d'Irlande

ii) les noms de lieux au pluriel prennent l'article :

the Philippines	les Philippines
the Shetlands	les Shetlands
the Azores	les Açores
the Midlands	les Midlands
the Borders	la région des Borders
the Netherlands	les Pays-Bas
the United States	les Etats-Unis

Il en est de même pour les noms de famille :

the Smiths	les Smith

iii) les fleuves, les rivières et les océans prennent l'article :

the Thames	la Tamise
the Danube	le Danube
the Pacific	le Pacifique
the Atlantic	l'Atlantique

iv) les noms de régions prennent l'article :

the Tyrol	le Tyrol
the Orient	l'Orient
the Ruhr	la Ruhr
the Crimea	la Crimée
the City (of London)	la Cité de Londres
the East End	le East End

v) les noms de montagnes et de lacs ne prennent pas l'article :

Ben Nevis	le Ben Nevis
K2	le K2
Lake Michigan	le lac Michigan

mais les chaînes de montagnes sont précédées de l'article :

the Himalayas	l'Himalaya
the Alps	les Alpes

Il existe cependant des exceptions :

the Matterhorn	le mont Cervin
the Eiger	l'Eiger

vi) les noms de rues, de parcs et de places, etc. ne prennent normalement pas l'article :

he lives in Wilton Street   **they met in Hyde Park**
il habite Wilton Street   ils se sont rencontrés à Hyde Park

there was a concert in Trafalgar Square
il y avait un concert à Trafalgar Square

Mais il existe des exceptions. Parfois l'article fait partie intégrante du nom :

the Strand   le Strand

et parfois on trouve des exceptions fondées sur un usage purement local :

the Edgware Road   l'Edgware Road

f)   On omet l'article dans les énumérations (même à deux termes) :

the boys and girls   **the hammers, nails and screwdrivers**
les garçons et les filles les marteaux, les clous et les tourne-vis

g)   Les noms d'hôtels, de pubs, de restaurants, de théâtres, de cinémas, de musées sont normalement précédés de **the** :

the Caledonian (Hotel), the Red Lion, the Copper Kettle, the Old Vic, the Odeon, the Tate (Gallery)

Mais vous noterez **Covent Garden** (l'opéra royal) et **Drury Lane** (un théâtre du West End à Londres).

h)   Les journaux et quelques magazines prennent **the** : **the Observer, the Independent, the Daily Star**

et par exemple les magazines : **the Spectator, the Economist**

Cependant la plupart des magazines ne sont pas précédés de l'article : **Woman's Own, Punch, Private Eye**, etc.

et les deux magazines de télévision et de radio, que l'on appelait autrefois **The Radio Times** et **The TV Times** (et que certains appellent encore ainsi) sont aujourd'hui mentionnés sans article lorsqu'on en fait la publicité à la télévision : **Radio Times** et **TV Times**

i) Les instruments de musique

L'article défini s'emploie lorsqu'on fait référence à une aptitude :

she plays the clarinet   elle joue de la clarinette

Cependant lorsqu'on fait référence à une occasion précise plutôt qu'à une aptitude d'ordre général, on omet l'article :

in this piece he plays bass guitar
il joue de la basse dans ce morceau

j) Les noms de titres sont normalement précédés de l'article défini :

| **the Queen** | la reine |
| **the President** | le président |

Cependant lorsque le titre est suivi du nom de la personne on omet l'article défini :

Doctor MacPherson	le docteur MacPherson
Queen Elizabeth	la reine Elizabeth
Prime Minister	le Premier Ministre
Churchill	Churchill

Remarquez : **Christ**   le Christ

k) L'omission de l'article défini pour produire un effet spécial :

i) On omet parfois l'article défini pour produire un effet particulier ; soit pour dénoter une importance, un statut ou parfois dans un jargon :

all pupils will assemble in hall
tous les élèves se rassembleront dans le hall

the number of delegates at conference
le nombre des délégués à la conférence

ii) les gros titres de journaux (omission de l'article indéfini aussi) :

Attempt To Break Record Fails
La tentative pulvériser le record échoue

New Conference Centre Planned
Projet pour un nouveau Palais des Congrès

iii) les instructions (omission de l'article indéfini aussi) :

break glass in emergency   casser la vitre en cas d'urgence

Pour la traduction de l'article partitif voir p. 112-7. Pour les articles avec les parties du corps voir p. 100.

3 Les Noms

A LES TYPES DE NOMS

Les noms anglais n'ont pas de genre grammatical ('le/la' est toujours **the**).

1 Les noms concrets et les noms abstraits

On peut classer les noms de différentes manières. On peut ainsi les diviser en (1) noms 'concrets', c'est-à-dire des noms faisant référence à des êtres animés ou à des choses : **woman** (femme), **cat** (chat), **stone** (pierre) et en (2) noms 'abstraits', c'est-à-dire des noms qui expriment un concept qui n'est pas physique, des caractéristiques ou des activités : **love** (l'amour), **ugliness** (la laideur), **classification** (la classification).

Un grand nombre de noms abstraits sont formés en ajoutant une terminaison (suffixe) à un adjectif, à un nom ou à un verbe. Cependant beaucoup de noms abstraits ne prennent pas cette terminaison. C'est le cas de **love** (l'amour), **hate** (la haine), **concept** (le concept) par exemple. Voici quelques terminaisons de noms abstraits couramment employées (certaines peuvent aussi s'employer pour des noms concrets).

a) Les noms abstraits formés à partir d'autres noms

-age	percent + -age	percentage	pourcentage
-cy	democrat + -cy	democracy	démocratie
-dom	martyr + -dom	martyrdom	martyre
-hood	child + -hood	childhood	enfance
-ism	alcohol + -ism	alcoholism	alcoolisme
-ry	chemist + -ry	chemistry	chimie

b) Les noms abstraits formés à partir d'adjectifs

-age	short + -age	shortage	pénurie
-cy	bankrupt + -cy	bankruptcy	faillite
	normal + -cy	normalcy	normalité (anglais américain)
-hood	likely + -hood	likelihood	probabilité
-ism	social + -ism	socialism	socialisme
-ity	normal + -ity	normality	normalité
-ness	kind + -ness	kindness	gentillesse

c) Les noms abstraits formés à partir de verbes

-age	**break + -age**	**breakage**	rupture
-al	**arrive + -al**	**arrival**	arrivée
-ance	**utter + -ance**	**utterance**	déclaration
-(at)ion	**starve + -ation**	**starvation**	famine
	operate + -ion	**operation**	opération
-ing	voir p A39 le gérondif		
-ment	**treat + -ment**	**treatment**	traitement

Remarquez que la terminaison du nom, de l'adjectif ou du verbe doit parfois subir quelques changements avant d'ajouter le suffixe.

2 Les noms communs et les noms propres

On peut aussi classer les noms en noms 'communs' et en noms 'propres', ces derniers faisant référence à des noms de personnes ou à des noms géographiques, de jours et de mois.

Communs		*Propres*	
cup	tasse	**Peter**	Pierre
palace	palais	**China**	la Chine
cheese	fromage	**Wednesday**	mercredi
time	le temps	**August**	août
love	l'amour	**Christmas**	Noël

Remarquez que les noms propres s'écrivent avec une majuscule en anglais.

3 Les noms dénombrables et indénombrables

Une classification, déterminante pour l'absence ou la présence de l'article indéfini, permet de distinguer les noms en 'dénombrables' et 'indénombrables'. Un nom dénombrable à part entière peut, bien sûr, être considéré comme une unité (c'est-à-dire qu'il peut être précédé d'un nombre), et doit avoir une forme au singulier aussi bien qu'au pluriel. Les noms indénombrables à part entière ne sont quant à eux ni au singulier, ni au pluriel, puisque par définition on ne peut les compter, bien qu'ils soient suivis d'un verbe au singulier. On dit qu'ils représentent une 'totalité' :

Dénombrables	
a/one pen/three pens	un crayon/trois crayons
a/one coat/three coats	un manteau/trois manteaux
a/one horse/three horses	un cheval/trois chevaux
a/one child/three children	un enfant/trois enfants

Indénombrables

furniture	les/des meubles
spaghetti	les/des spaghettis
information	les/des informations
rubbish	les/des ordures
progress	les/des progrès
fish	les/des poissons
fruit	les/des fruits
news	les/des nouvelles
violence	la violence

Lorsque l'on veut faire référence à une unité de chacun de ces noms indénombrables, il faut faire précéder le nom indénombrable d'un autre nom qui soit dénombrable. Ainsi on emploie, par exemple, **piece** pour indiquer une ou plusieurs unités :

a piece of furniture/two pieces of furniture
un meuble/deux meubles

De même on dira **an act of violence** (un acte de violence), **an item of news** (une nouvelle), **a strand of spaghetti** (un spaghetti) où **act**, **item** et **strand** sont des dénombrables tout à fait normaux. Le dénombrable qui accompagne **cattle** est **head**, qui ne prend jamais **-s** dans ce sens : **ten head of cattle** (dix têtes de bétail).

Voici d'autres exemples de noms indénombrables à part entière : **baggage** (les bagages), **luggage** (les bagages), **garbage** (les ordures), **advice** (les conseils). Pour un mot comme **knowledge** (la/les connaissance(s)), voir p. 35. Pour **accommodation**, voir p. 38.

a) *Les noms qui sont soit dénombrables, soit indénombrables*

i) Certains noms peuvent être dénombrables ou indénombrables, suivant que leur sens fait référence à une 'unité' ou une 'totalité'. De tels noms font souvent référence à la nourriture ou aux matériaux :

Dénombrables	*Indénombrables*
that sheep has only one lamb	**we had lamb for dinner**
ce mouton n'a qu'un agneau	nous avions de l'agneau pour le dîner
what lovely strawberries!	**there's too much strawberry in this ice-cream**
quelles belles fraises !	cette glace a trop le goût de fraise

do you like my nylons?
tu aimes mes bas ?

most socks contain nylon
la plupart des chaussettes
contiennent du nylon

he bought a paper
il a acheté un journal

I'd like some writing paper
je voudrais du papier à lettres

she's a beauty
c'est une beauté

love, beauty and truth
l'amour, la beauté et la vérité

she has a lovely voice
elle a une jolie voix

**she has no voice in the
making of decisions**
elle n'a pas voix au chapitre
lorsqu'il s'agit de prendre des
décisions

ii) Comme en français, les noms indénombrables deviennent
dénombrables lorsqu'ils représentent 'une partie de' ou 'une
variété de' :

I'd like a coffee
je voudrais un café

two white wines, please
deux vins blancs, s'il vous plaît

Britain has a large selection of cheeses
la Grande-Bretagne a une grande sélection de fromages

a very good beer
une très bonne bière

iii) Certains noms dénombrables sont parfois employés au pluriel
pour indiquer une immensité, en général dans un style littéraire :

The Snows of Kilimanjaro
les Neiges du Kilimanjaro

still waters run deep (proverbe)
il faut se méfier de l'eau qui dort

Cependant, il est tout à fait normal d'employer **waters** pour
faire référence aux eaux territoriales d'un pays (**the territorial
limit of Danish waters**), ou aux eaux ayant une vertu médicale :
he has been to take the waters at Vichy (il a pris les eaux à
Vichy).

Weather est considéré comme une 'totalité', sauf dans
l'expression **in all weathers** (par tous les temps).

b) *Quelques problèmes que posent les dénombrables*

Un nom totalement dénombrable peut être précédé de l'article indéfini, ou de tout adjectif numéral, d'un adjectif démonstratif pluriel (**these**), ou d'un adjectif indéfini (**few**, **many**), et peut être accompagné d'un verbe au pluriel :

a/one table
three/these/those/few/many tables are ...

Mais certains mots ont un statut ambigu :

i) Par exemple, le mot **data**, 'données' (du latin **datum** (sing.), **data** (pl.)). On peut dire **these/those data are** mais rarement **many/few data** (on préfère **much/little data**) et en aucun cas **seven data** car on ne peut pas compter les '**data**'. **Data** n'a donc pas de singulier, et l'on devra dire **seven pieces of data**. En fait, ce mot est en passe de devenir indénombrable : **this/that/much/little data is** s'entend et s'écrit aujourd'hui plus fréquemment que **these/those/many/few data are**.

ii) **Vegetable** est un autre cas intéressant. En effet on peut dire **many vegetables** (et **a/one vegetable**). Cependant, on peut aussi dire **much vegetables** lorsque l'on fait référence à l'ensemble de la catégorie d'aliments 'légumes' et non pas à des légumes en particulier :

the Japanese still eat twice as much vegetables, including beans, as the British
les Japonais mangent encore deux fois plus de légumes, dont des haricots, que les Britanniques

Dans cette phrase, on a choisi **much** et non pas **many**, car **many** aurait mis l'accent sur chacun des légumes : **many vegetables** tend à signifier 'beaucoup de sortes de légumes' (**many kinds of vegetables**), alors que l'on se réfère ici à la quantité. On aurait aussi pu éviter ce problème en écrivant **a lot of vegetables**. **Much** accompagne donc certains noms au pluriel, indiquant clairement que l'on insiste sur la totalité.

iii) Les mots qui modifient la 'quantité' de noms pluriels posent aussi un problème : les plus courants d'entre eux étant **less** et **fewer** (moins de). Nombreux sont ceux qui n'emploient plus **fewer** à l'oral avec les noms au pluriel. Ainsi l'usage le plus répandu du comparatif de **few** à l'oral (et souvent à l'écrit) est **less**. **Fewer** a tendance à être soutenu et trop précis, et il est parfaitement normal d'entendre par exemple **less books/students/crimes** (moins de livres/d'étudiants/de crimes) dit par n'importe qui, quel que soit leur niveau d'éducation.

iv) l'article indéfini et le pluriel avec des indénombrables:

Certains noms abstraits sont dénombrables à part entière (**possibility**) et certains sont normalement indénombrables à part entière (**indignation, hate, anger**). Certains de ces noms abstraits indénombrables prennent souvent l'article indéfini, en particulier s'ils sont accompagnés par un adjectif ou un groupe adjectival, tel qu'un groupe prépositionnel ou une proposition relative. C'est parce que le groupe adjectival individualise le nom :

candidates must have a good knowledge of English
les candidats doivent avoir des bonnes connaissances en anglais

he expressed an indignation so intense that people were taken aback
il exprima une indignation si véhémente que les gens en furent stupéfaits

On peut parfois trouver des noms abstraits comme ceux-ci au pluriel. Ainsi **fears** et **doubts** sont fréquents :

he expressed his fears
il exprima ses craintes

I have my doubts
j'ai mes doutes

Dans d'autres cas, le pluriel indique des manifestations individuelles d'un concept abstrait :

the use of too many adjectives is one of his stylistic infelicities
l'une de ses maladresses stylistiques réside dans l'emploi d'un trop grand nombre d'adjectifs

c) *Les noms en* **-ics**

Lorsque ces noms sont considérés comme des concepts abstraits, ils sont suivis d'un verbe au singulier :

mathematics is a difficult subject
les mathématiques sont un sujet difficile

On préférera en revanche un verbe au pluriel lorsque l'on met l'accent sur les manifestations pratiques du concept :

his mathematics are very poor
il est très faible en mathématiques

what are your politics?
quelles sont vos opinions politiques ?

d) *Les maladies, les jeux et les nouvelles*

Certains noms se terminant par ce qui semble être le **-s** du pluriel
sont indénombrables. Le mot **news** par exemple, les maladies
telles que **measles** (rougeole), **mumps** (oreillons), **rickets**
(rachitisme), **shingles** (zona) et quelques noms des jeux :

the news hasn't arrived yet
la nouvelle n'est pas encore arrivée

mumps is not a dangerous disease
les oreillons ne sont pas une maladie dangereuse

darts is still played in many pubs
on joue encore aux fléchettes dans beaucoup de pubs

billiards is preferred to dice in some countries
on préfère jouer au billard plutôt qu'aux dés dans certains pays

Il en est de même pour **bowls** (boules), **dominoes** (dominos),
draughts (dames) et **checkers** ('dames' en anglais américain).

e) *Noms de 'paires'*

Certain noms au pluriel faisant référence à des objets composés de
deux parties égales n'ont pas de forme au singulier, et doivent être
précédés de **a pair of** si l'on veut mettre l'accent sur leur nombre :

my trousers are here
mon pantalon est ici

this is a good pair of trousers c'est un bon pantalon	**two new pairs of trousers** deux pantalons neufs

de même :

bellows (soufflet), **binoculars** (jumelles), **glasses** (lunettes),
knickers (culotte, slip), **pants** (culotte), **pincers** (tenailles),
pyjamas (**pajamas** en anglais américain) (pyjama), **pliers**
(pinces, tenailles), **scales** (balance), **scissors** (ciseaux), **shears**
(cisailles), **shorts** (short), **spectacles** (lunettes), **tights** (bas),
tongs (fer à friser), **tweezers** (pince à épiler)

f) *Noms que l'on ne trouve normalement qu'au pluriel et qui
sont suivis d'un verbe au pluriel*

i) **arms** (armes), **arrears** (arriéré(s)), **auspices** (auspices), **banns**
(bans (de mariage)), **clothes** (vêtements), **customs** (douane(s)),
dregs (la lie), **earnings** (revenus), **entrails** (entrailles), **goods**

(marchandise(s)), **greens** (légumes verts), **guts** (boyaux, courage), **lodgings** (logement(s)), **looks** (apparence(s)), **manners** (manières), **means** (moyens (financiers)), **odds** (cote(s)), **outskirts** (environs, banlieue(s)), **pains** (peine, effort), **premises** (locaux), **quarters** (résidence(s)), **remains** (restes), **riches** (richesse(s)), **spirits** (humeur, alcool), **(soap) suds** (mousse de savon), **surroundings** (environs, cadre), **tropics** (tropiques), **valuables** (objets de valeur)

et le nom italien au pluriel **graffiti** (qui est aussi accompagné d'un verbe au singulier)

Ces noms sont normalement accompagnés d'un verbe au pluriel, mais ils ont parfois aussi une forme au singulier, ce qui entraîne souvent un changement de sens :

ashes (cendres en général) mais **cigar(ette) ash**, **tobacco ash** (la cendre de cigar(ette)/tabac)

contents (le contenu) mais **content** (la quantité qui peut être contenue) :

show me the contents of your purse
montre-moi le contenu de ton porte-monnaie

mais :

what exactly is the lead content of petrol?
quelle est la teneur exacte du plomb dans l'essence ?

funds (des fonds) mais **fund** (un fonds) :

I'm short of funds
je suis à court de fonds

mais :

we started a church roof repair fund
nous avons commencé à faire une collecte pour réparer le toit de l'église

stairs : plus courant que **stair** au sens de **flight of stairs** ((volée d')escalier). **Stair** peut aussi faire référence à une marche dans un escalier.

thanks : vous noterez la possibilité d'employer l'article indéfini devant un adjectif (pas de singulier dans ce cas) :

a very special thanks to ...
un grand merci à ...

wages : souvent au singulier aussi, particulièrement lorsqu'il est précédé d'un adjectif :

all we want is a decent wage
tout ce que nous voulons c'est un salaire correct

Accommodations (logement) est employé en anglais américain. En anglais britannique, on emploie **accommodation** comme indénombrable représentant une totalité.

ii) Quelques noms ne portent jamais la marque du pluriel :

cattle (bétail), **clergy** ((membres du) clergé), **livestock** ((têtes de) bétail), **police** (police, policiers), **vermin** (vermine, parasites)

Mais même **clergy** et **police** peuvent parfois être accompagnés d'un article indéfini, s'ils sont qualifiés par un adjectif, par un groupe prépositionnel ou par une proposition relative. Dans de tels cas il existe une différence de sens importante entre **clergymen** (ecclésiastiques) et **body of clergymen** (ensemble du clergé), et **policemen** (policiers) et **police force** (la police). Comparez :

seventy-five clergy were present
75 membres du clergé étaient présents

the problem is whether the country needs a clergy with such old-fashioned views
le problème est de savoir si le pays a besoin d'un clergé aux opinions aussi dépassées

at least thirty police were needed for that task
on a eu besoin d'au moins 30 policiers pour cette tâche

the country needed a semi-military police
le pays avait besoin d'une police semi-militaire

Folk dans le sens de 'gens', 'personnes', ne prend normalement pas de **-s** en anglais britannique :

some folk just don't know how to behave
certaines personnes ne savent pas se tenir

tandis qu'en anglais américain on dit **folks**, ce qui en anglais britannique est normalement employé lorsqu'on s'adresse familièrement à des personnes et qui signifie aussi 'famille, parents' :

sit down, folks (anglais britannique)
asseyez-vous mes amis

I'd like you to meet my folks (anglais britannique)
j'aimerais que vous rencontriez ma famille

Youth 'la jeunesse' (génération) peut être suivi aussi bien d'un verbe au singulier que d'un verbe au pluriel :

our country's youth has/have little to look forward to
la jeunesse de notre pays a peu de perspectives d'avenir

mais il est dénombrable dans le sens de 'jeune homme' :

they arrested a youth/two youths
ils ont arrêté un jeune/deux jeunes

g) *Les noms collectifs*

i) Ce sont des noms qui, au singulier, sont accompagnés d'un verbe au singulier quand le nom désigne un totalité, ou d'un verbe au pluriel si l'on désire mettre l'accent sur les membres du groupe :

the jury is one of the safeguards of our legal system (sing.)
le jury est garant de notre système législatif

the jury have returned their verdict (pluriel)
le jury a rendu son verdict

Remarquez **their** (leur) dans le second exemple. Les pronoms faisant référence à de tels noms s'accordent normalement en nombre avec le verbe :

as the crowd moves forward it becomes visible on the hilltop
à mesure que la foule avance, on la voit apparaître au sommet de la colline

the crowd have been protesting for hours; they are getting very impatient
la foule proteste depuis des heures ; elle commence à s'impatienter

L'emploi du verbe au pluriel est plus répandu en anglais britannique qu'en américain.

Les mots suivants sont des exemples typiques de noms collectifs :

army (armée), **audience** (public), **choir** (chorale), **chorus** (refrain, chœur), **class** (classe), **committee** (comité), **enemy** (ennemi), **family** (famille), **firm** (firme), **gang** (gang), **(younger and older) generation** (génération (jeune, ancienne)), **government** (gouvernement), **group** (groupe), **majority** (majorité), **minority** (minorité), **orchestra** (orchestre),

Parliament (Parlement), **proletariat** (prolétariat), **public** (public), **team** (équipe).

Les noms de nations faisant référence à une équipe (sportive) sont normalement accompagnés d'un verbe au pluriel en anglais britannique :

France have beaten England
la France a battu l'Angleterre

bien que le singulier et le pluriel soient tout aussi corrects.

ii) Remarquez que les noms de pays au pluriel se comportent comme des noms collectifs :

the Philippines has its problems like any other country (sing.)
les Philippines ont leurs problèmes comme tout autre pays

the Philippines consist of a group of very beautiful islands (pluriel)
les Philippines se composent d'un groupe de très belles îles

Il en est de même pour **the Bahamas**, **the United States**, etc.

iii) Les mots **crew** (équipage), **staff** (personnel), **people** (peuple) sont souvent des noms collectifs, comme dans :

the crew is excellent (sing.)
l'équipage est excellent

the crew have all enjoyed themselves (pluriel)
l'équipage s'est bien amusé

the staff of that school has a good record (sing.)
le personnel de cette école a obtenu de bons résultats

the staff don't always behave themselves (pluriel)
le personnel ne se conduit pas toujours bien

it is difficult to imagine a people that has suffered more (sing.)
il est difficile d'imaginer un peuple qui ait plus souffert

the people have not voted against the re-introduction of capital punishment (pluriel)
le peuple n'a pas voté contre le rétablissement de la peine capitale

Ces trois mots diffèrent des autres noms collectifs par le fait qu'ils peuvent être des dénombrables à part entière, avec ou sans la terminaison **-s** au pluriel, suivant leur sens. Si le pluriel est en **-s**, il est le même que le pluriel en **-s** d'autres noms collectifs :

five crews/staffs/peoples (nations)**/armies/governments**, etc.

Cependant, le pluriel sans **-s** fait référence à des membres individuels :

the captain had to manage with only fifteen crew
le capitaine devait se débrouiller avec seulement quinze membres d'équipage

the English Department had to get rid of five staff
le département d'anglais a dû renvoyer cinq personnes

he spoke to six people about it
il a parlé à six personnes à ce sujet

On peut tout aussi bien dire **crew members**, **staff members** or **members of staff** au pluriel.

Pour **clergy** et **police**, voir p. 38.

B LES FORMES

1 Les pluriels en -(e)s

a) La marque du pluriel est normalement **-(e)s** en anglais :

soup : soups	soupe(s)
peg : pegs	pince(s) à linge
bus : buses	bus
quiz : quizzes	jeu(x) télévisé(s)
bush : bushes	buisson(s)
match : matches	allumette(s)
page : pages	page(s)

-es s'emploie pour des mots en **-s**, **-x**, **-z**, **-ch** ou **-sh**. On le prononce alors /ɪz/.

b) Pour les noms se terminant par une consonne plus **-y**, le **-y** se transforme en **-ies** :

lady : ladies	dame(s), demoiselle(s)
loony : loonies	cinglé(s)

Mais le pluriel régulier en **-s** s'emploie lorsque le **-y** est précédé par une voyelle :

trolley : trolleys	chariot(s)

Une exception à cela : l'usage de **monies** (sommes d'argent) dans un registre soutenu ou juridique :

all monies currently payable to the society
toutes les sommes d'argent maintenant dues à la société

Pour plus de détails, voir la section **L'Orthographe**, p. 243.

c) Les noms en **-o** prennent parfois un **-s**, parfois **-es** au pluriel. Il est difficile d'établir des règles précises dans ce cas, cependant on peut dire que l'on ajoute seulement un **-s** si (1) le **-o** suit une autre voyelle (**embryo - embryos** embryons, **studio - studios** studios) ; ou si (2) le nom est une abréviation (**photo - photos, piano - pianos** (de **pianoforte)**). Dans d'autres cas, il est difficile de généraliser, bien que l'on puisse observer une préférence pour le **-s** avec des mots qui ont encore une connotation étrangère pour les britanniques :

(avec **-es**) **echo, cargo** (cargaison), **hero, mosquito** (moustique), **negro, potato** (pomme de terre), **tomato, torpedo** (torpille)

(avec **-s**) **canto** (chant), **memento, proviso** (stipulation), **quarto, solo, zero, zoo**

(avec **-s** ou **-es**) **banjo, buffalo** (buffle), **commando, flamingo** (flamand rose), **motto, volcano**

d) Pour certains noms en **-f(e)**, le **-f** se transforme en **-ve** au pluriel :

calf : calves   veau(x)

Il en est de même pour : **elf, half** (moitié), **knife** (couteau), **leaf** (feuille d'arbre), **life** (vie), **loaf** (pain), **self** (soi), **sheaf** (gerbe), **shelf** (étagère), **thief** (voleur), **wife** (épouse), **wolf** (loup).

Certains peuvent avoir un pluriel en **-ves** ou en **-s** :

dwarf : dwarfs/dwarves	nain(s)
hoof : hoofs/hooves	sabot(s)
scarf : scarfs/scarves	écharpe(s)
wharf : wharfs/wharves	quai(s)

Un grand nombre de ces mots conservent le **-f** :

belief : beliefs   croyance(s)

Il en est de même pour **chief** (chef), **cliff** (falaise), **proof** (preuve), **roof** (toit), **safe** (coffre-fort), **sniff** (reniflement), etc.

e) Quelques mots français se terminant avec un **-s** muet au singulier ne changent pas leur pluriel à l'écrit; on ajoute cependant le son /**z**/ au pluriel à l'oral : **corps** - le pluriel se prononce avec /**z**/.

f) Les mots français en **-eu** ou **-eau** prennent un **-s** ou un **-x** (que l'on prononce tous les deux /**z**/), par exemple :

adieu, bureau, tableau

gateau prend normalement un **-x**.

g) *Les noms d'animaux*

Certains noms d'animaux, notamment les noms de poissons, se comportent (ou se comportent presque toujours) comme les noms mentionnés dans la section 3a) ci-dessous, c'est-à-dire qu'ils ne prennent pas de marque du pluriel :

cod (morue), **hake** (colin), **herring** (hareng), **mackerel** (maquereau), **pike** (brochet), **salmon** (saumon), **trout** (truite) (mais on dit **sharks** (requins)), **deer** (cerf), **sheep** (mouton), **grouse** (coq de bruyère).

D'autres noms d'animaux prennent un **-s** ou rien. Dans le contexte de la chasse, on omet souvent le **-s**. Comparez :

these graceful antelopes have just been bought by the zoo
le zoo vient juste d'acheter ces antilopes gracieuses

they went to Africa to shoot antelope
ils sont allés en Afrique pour chasser l'antilope

Il en est de même pour :

buffalo (buffle), **giraffe**, **lion**, **duck** (canard), **fowl** (volaille), **partridge** (perdrix), **pheasant** (faisan), et bien d'autres.

Le pluriel régulier de **fish** est **fish**, mais **fishes** s'emploie pour faire référence à des espèces de poissons.

h) *Les adjectifs numéraux*

i) **hundred** (cent), **thousand** (mille), **million**, **dozen** (douzaine), **score** (vingt) et **gross** (douze douzaines) n'ont pas de pluriel en **-s** lorsqu'ils sont précédés par un autre adjectif numéral. Remarquez la différence de construction avec le français pour 'million', 'milliard' et 'douzaine' :

five hundred/thousand/million people
cinq cents/mille/millions *de* gens

two dozen eggs	**we'll order three gross**
deux douzaines *d'*œufs	nous commanderons trente-six douzaines

mais :

there were hundreds/thousands/millions of them
il y en avait des centaines/milliers/millions

I've told you dozens of times
je te l'ai dit des dizaines de fois

Peter and Kate have scores of friends
Peter et Kate ont des tas d'amis

ii) Les unités de mesure le **foot** et le **pound** peuvent être soit au pluriel, soit au singulier :

Kate is five foot/feet eight
Kate mesure un mètre soixante-douze

that comes to three pound(s) fifty
ça fait trois livres cinquante

2   Les pluriels avec un changement de voyelle

Il existe un petit groupe de mots dont le pluriel se forme au moyen d'un changement de voyelle :

foot : feet	pied(s)
goose : geese	oie(s)
louse : lice	pou(x)
man : men	homme(s)
mouse : mice	souris
tooth : teeth	dent(s)
woman : women /wɪmɪn/	femme(s)

3   Les pluriels invariables

a) *singulier et pluriel sans* **-s** :

(**air**)**craft** (avion), **counsel** (avocat), **offspring** (progéniture), **quid** ('balle' (argent)), par exemple :

we saw a few aircraft
nous avons vu quelques avions

both counsel asked for an adjournment
les deux avocats ont demandé un renvoi

these are my offspring
c'est ma progéniture

this will cost you ten quid (familier = pound(s))
ça te coûtera cent balles

(Mass) media prend parfois un verbe au singulier, parfois un verbe au pluriel, sans qu'il y ait de différence de sens.

Les mots **kind, sort, type** (genre, sorte, type) apparaissant dans une phrase du type **these/those** + nom + **of** très souvent ne prennent pas de **-s** :

these kind of people always complain
ce genre de personne se plaint toujours

she always buys those sort of records
elle achète toujours ce genre de disque

Il est aussi possible de dire :

this kind of record

où les deux noms sont au singulier.

b) *singulier et pluriel en* **-s**

barracks (caserne), **crossroads** (carrefour), **innings** (tour de batte), **means** (moyens, ressources) (comparez avec **means** (= moyens financiers) p. 37), **gallows** (potence), **headquarters** (quartier général), **series** (série), **shambles** (désordre), **species** (espèce), **-works** (usine), par exemple :

every means was tried to improve matters
on a usé de tous les moyens pour améliorer les choses

this is a dreadful shambles
c'est un désordre abominable

they have built a new gasworks north of here
ils ont construit une nouvelle usine à gaz au nord d'ici

Certains de ces noms, en particulier **barracks**, **gallows**, **headquarters**, **-works** peuvent aussi s'employer dans un sens singulier avec un verbe au pluriel :

these are the new steelworks
c'est la nouvelle aciérie

On fait référence ici à une seule usine.

c) *dice* et *pence*

Ce sont à proprement parler les pluriels irréguliers de **die** (dé) et **penny**, mais ils commencent à remplacer rapidement le singulier.

Die ne s'emploie pratiquement jamais que dans les expressions figées telles que **the die is cast** (les dés sont jetés) ou **straight as a die** (d'une grande honnêteté). Et il est normal d'entendre **one pence** (un pence) plutôt que **one penny** (un penny) lorsque l'on parle du coût de quelque chose. En revanche on parle encore de la pièce de monnaie en disant **a penny**, donnant au pluriel plusieurs **pennies**, comme dans la phrase suivante : **these are 18th-century pennies** (ce sont des pennies du XVIIIe siècle). Comme **die**, on emploie **penny** dans certaines expressions figées : **to spend a penny** (aller aux toilettes).

4 Les pluriels en -en

Il n'en existe que trois, et un seul est commun :

child : children   enfant(s)

Les autres sont :

ox : oxen   bœuf(s)
brother : brethren   frère(s)

ce dernier faisant référence aux membres d'une congrégation religieuse, comme dans :

our Catholic brethren from other countries
nos frères catholiques d'autres pays

Le pluriel normal de **brother** est, bien entendu, **brothers**.

5 Les pluriels en -a ou -s

Ce sont des noms latins au singulier en **-um** ou des noms grecs au singulier en **-on**. Beaucoup d'entre eux ont un pluriel en **-s**, en particulier s'ils sont employés couramment, par exemple :

museum (musée), **stadium** (stade), **demon**, **electron**

Certains, souvent employés dans un langage scientifique et dont le singulier est **-um/-on**, ont un pluriel en **-a**, par exemple :

an addendum   un addenda (*ou* addendum)
numerous addenda   de nombreux addenda

De même on a **bacterium** (bactérie), **curriculum** (programme d'étude), **erratum**, **ovum** (ovule), **criterion** (critère), **phenomenon**

Certains varient entre le pluriel en **-s** et en **-a** :

memorandum, **millennium** (millénaire), **symposium**,
automaton (automate)

Le pluriel de **medium** est toujours **mediums** lorsque ce mot fait
référence à un extra-lucide. Lorsqu'il signifie 'moyen', le pluriel
est soit **media** ou **mediums**. Pour **(mass) media**, voir **Les
Pluriels invariables**, ci-dessus, p. 45. Pour **data**, voir p. 34.

Il apparaît que **strata** (pluriel de **stratum**) remplacera bientôt
stratum au singulier.

6   Les pluriels en -e ou -s

Ces noms sont latins ou grecs et ont une terminaison en **-a** au
singulier. Ceux qui sont fréquemment employés ont un pluriel en **-
s**, comme **arena** et **drama**. Les noms plus techniques ou
scientifiques ont tendance à avoir un pluriel en **-e** (on obtient alors
la terminaison **-ae** prononcée /i:/ ou /aɪ/), par exemple **alumna** et
larva. La terminaison de certains varie selon le niveau de langue
employé dans le contexte. Ainsi **antenna** prend toujours un **-e**
lorsqu'il fait référence aux insectes, mais un **-s** lorsqu'il signifie
antenne de télévision en américain. Il en est de même pour **formula**
et **vertebra**.

7   Les pluriels en -i ou -s (mots italiens)

Quelques mots empruntés de l'italien, notamment **libretto**, **tempo**
et **virtuoso**, conservent parfois leur pluriel italien en **-i** /i:/. C'est
plus particulièrement le cas de **tempo**. Parfois ils prennent le **-s** du
pluriel régulier anglais. Vous noterez que **confetti** et les pâtes
macaroni, **ravioli**, **spaghetti** et d'autres, sont des indénombrables,
c'est-à-dire qu'ils sont suivis d'un verbe au singulier. Pour **graffiti**,
voir p. 37.

8   Les pluriels en -i ou -es (mots latins)

Ceux qui sont courants prennent normalement la terminaison **-es** au
pluriel, comme :

campus, **chorus** (refrain, chœur), **virus**

Ceux qui appartiennent au langage plus érudit, gardent en général
leur pluriel latin en **-i** (que l'on prononce /i:/ ou /aɪ/) comme par
exemple :

alumnus, **bacillus**, **stimulus**.

D'autres prennent les deux formes au pluriel : **cactus**, **fungus** (champignon, fongus), **nucleus**, **syllabus** (programme d'université). Il en est de même pour les noms grecs latinisés : **hippopotamus** et **papyrus**. Le pluriel de **genius** est **geniuses** au sens de 'personne extrêmement intelligente', mais **genii** lorsqu'il signifie '(bon/mauvais) esprit'.

9 Les pluriels des noms en -ex ou -ix

Ces noms latins peuvent conserver leur pluriel d'origine, leur singulier en **-ex/-ix** se transforme alors en **-ices** au pluriel, ou bien ils prennent **-es**, par exemple :

index : pluriel **indices** ou **indexes**

Il en est de même pour **appendix**, **matrix**, **vortex**.

Mais remarquez que **appendixes** est le seul pluriel pour la partie du corps, tandis que **appendixes** et **appendices** peuvent s'employer pour désigner les parties d'un livre ou d'une thèse.

10 Le pluriel des noms grecs en -is

Ces derniers changent le **-is** /ɪs/ en **-es** /iːz/ au pluriel, par exemple :

an analysis	une analyse
various different analyses	différentes analyses

Il en est de même pour : **axis**, **basis**, **crisis**, **diagnosis**, **hypothesis**, **oasis**, **parenthesis**, **synopsis**, **thesis**.

Mais remarquez : metropolis : metropolises

11 Les pluriels en -im ou -s

Les trois mots hébreux **kibbutz**, **cherub** (chérubin) et **seraph** (séraphin) peuvent soit prendre **-(e)s** (pluriel régulier) ou **-im** au pluriel.

12 Les pluriels des noms composés

a) *Le pluriel porte sur le deuxième élément*

Lorsque le deuxième élément est un nom (et qu'il n'est pas précédé d'une préposition) :

boy scouts, **football hooligans**, **girlfriends** (petites amies), **road users** (usagers de la route), **man-eaters** (mangeurs d'hommes, cannibales) (comparez à **menservants** dans c) ci-dessous) et lorsque le mot composé est formé d'un verbe + adverbe :

lay-bys (aires de stationnement), **lie-ins** (grasses matinées), **sit-ins**, **stand-bys**, **tip-offs** (tuyaux)

Remarquez que les noms de mesures se terminant par **-ful** peuvent avoir un **-s** à la fin de l'un ou l'autre de leurs éléments : **spoonfuls** ou **spoonsful**.

b) *Le pluriel porte sur le premier élément*

Lorsque le deuxième élément est un groupe prépositionnel :

editors-in-chief	rédacteurs en chef
fathers-in-law	beaux-pères
men-of-war	bâtiments de guerre
aides-de-camp	

Mais si le premier élément n'est pas considéré comme une personne, on place le **s** en final, comme dans :

will-o'-the-wisps	**jack-in-the-boxes**
feux follets	diables à ressort

Les noms composés formés à partir d'un verbe et d'un adverbe prennent eux aussi un **-s** à la fin du premier élément (à la différence de ceux composés d'un verbe + adverbe, qui ont un **-s** en finale. voir a) ci-dessus) :

hangers-on	**passers-by**
parasites	passants

Les noms composés avec **-to-be** prennent un **-s** à la fin du premier élément :

brides-to-be	**mothers-to-be**
futures mariées	futures mamans

Le premier élément porte aussi la marque du pluriel si le second élément est un adjectif :

Lords temporal and spiritual
membres laïques et ecclésiastiques de la Chambre des Lords

Mais beaucoup peuvent aussi porter la marque du pluriel sur le deuxième élément (ce qui est de plus en plus courant) :

attorneys general ou **attorney generals** (Procureurs Généraux)
directors general ou **director generals**
poets laureate ou **poet laureates**
courts-martial ou **court-martials**

c) *Les deux éléments portent la marque du pluriel*

Lorsque le nom composé avec **man** ou **woman** sert à distinguer le genre (mais le premier élément peut aussi être au singulier) :

menservants	domestiques (comparez **man-eaters** dans a) ci-dessus)
gentlemen farmers	gentlemen-farmers
women doctors	femmes médecins

C USAGE : PLURIEL OU SINGULIER ?

a) *Le pluriel distributif*

i) type 1, dans un groupe nominal

Dans beaucoup de cas l'anglais préfère le pluriel :

between the ages of 30 and 45
entre l'âge de 30 et 45 ans

the reigns of Henry VIII and Elizabeth I
le règne d'Henri VIII et celui d'Elisabeth Ire

ii) type 2, dans une proposition

Dans ce cas, le nom au pluriel (souvent précédé d'un adjectif possessif) fait référence à un nom ou pronom possessif au pluriel mentionné auparavant, par exemple :

we changed our minds
nous avons changé d'avis

many people are unhappy about their long noses
beaucoup de gens ne sont pas satisfaits de leur long nez

cats seem to spend their lives sleeping
les chats semblent passer leur vie à dormir

they deserve a kick up their backsides
ils méritent un coup de pied au derrière

we respectfully removed our hats
nous avons respectueusement retiré notre chapeau

can we change places?
on peut changer de place ?

Mais ce n'est pas une règle bien définie. Certaines personnes ont de l'eau jusqu'à la ceinture : **up to their waists** ou **up to the waist**, et ils ont de l'eau ou des dettes jusqu'au cou : **up to their necks** ou **up to the neck**. Les conducteurs changent de vitesse (**change gear** ou **gears**) et ils peuvent risquer la vie de leurs passagers : **the death** ou **deaths of their passengers**.

Il y a des situations où des gens **have egg on their face** ou **faces**, c'est-à-dire l'air ridicule, mais seul **faces** est employé s'il s'agit d'un vrai œuf !

Et il y a des choses que certains **turn their nose(s) up at**, c'est-à-dire qu'ils considèrent inférieures. Il semble que si l'expression est employée dans un sens figuré, on emploie le plus souvent le singulier, parfois précédé d'un article défini plutôt que d'un pronom possessif. Ainsi **we pay through the nose** (payer quelque chose la peau des fesses), **we take children under our wing** (on prend des enfants sous son aile), et **we are sometimes at the end of our tether** (on est parfois à bout de nerfs) - autant d'exemples dans lesquels aucune image concrète n'apparaît.

b) *Le complément du nom placé avant ou après le nom*

Lorsqu'un nom est déterminé par une préposition + un nom au pluriel placés après ce nom, comme dans :

    a collection of bottles　　　　une collection de bouteilles

le nom au pluriel se transformera en singulier lorsqu'il est placé devant le nom qu'il détermine :

    a bottle collection　　　　une collection de bouteilles

Il existe beaucoup d'exemples de ce genre : **record dealer** (disquaire), **letter box** (boîte à lettres), **foreign language teaching** (enseignement des langues étrangères).

Cependant, il y a des cas où l'on préfère un complément du nom au pluriel placé avant le nom, parfois parce que le singulier aurait un sens différent. Ainsi on dirait :

    a problems page　　　　courrier du cœur

parce que le mot **problem** au singulier signifie normalement 'qui cause des problèmes', comme dans :

    a problem student
un étudiant à problèmes/qui pose des problèmes

    a problem case
un cas à problèmes/problématique

Il en est de même pour :

a singles bar
un bar pour les célibataires

an explosives investigation
une enquête sur les explosifs

étant donné que :

a single bar	un seul bar
an explosive investigation	une enquête explosive

signifient quelque chose de complètement différent.

Mais souvent ou le singulier ou le pluriel est possible :

in this noun(s) section	dans cette section des noms
a Falkland(s) hero	un héros des Falkland

D LE GENITIF

1 Les formes

a) Le génitif singulier se forme en ajoutant **-'s** après le nom :

the cat's tail	la queue du chat

et le génitif pluriel en ajoutant seulement l'apostrophe au pluriel :

the cats' tails	la queue des chats

Il y a souvent confusion au sujet de la position de l'apostrophe. Comparez ces deux exemples :

the boy's school	l'école du garçon
the boys' school	l'école de garçons

Dans le premier exemple, **boy** est au singulier, on parle donc de l'école d'un garçon. Dans le deuxième exemple le nom **boys** est au pluriel, on parle donc de l'école où vont plusieurs garçons.

Si le pluriel ne se termine pas en **-s**, le génitif pluriel se forme avec le **-'s** comme le singulier :

the men's toilet	les toilettes des hommes
the children's room	la chambre des enfants

b) Exceptions

i) Beaucoup de noms classiques (en particulier les noms grecs) se terminant en **-s** prennent normalement juste une apostrophe, en particulier s'ils sont formés de plus d'une syllabe :

Socrates' wife   l'épouse de Socrate
Aeschylus' plays   les pièces d'Eschyle

On pourrait même trouver des noms modernes ayant la même caractéristique, comme dans :

Dickens' (ou **Dickens's**) **novels**
les romans de Dickens

ii) Avant le mot **sake** (amour de/nom de) le génitif singulier est normalement indiqué par l'apostrophe seule avec des noms se terminant en **-s** :

for politeness' sake   par politesse

c) Pour les types de noms composés mentionnés p. 49, on ajoute le **-'s** du génitif au deuxième élément, même si c'est le premier élément qui porte la marque du pluriel **-s** :

she summoned her ladies-in-waiting
elle convoqua ses dames de compagnie

the lady-in-waiting's mistress
la maîtresse de la dame de compagnie

2 Le génitif et la construction avec 'of'

a) Les êtres animés (personnes, animaux)

Le génitif est plus courant avec les personnes qu'avec les objets :

John's mind   l'esprit de John
my mother's ring   la bague de ma mère

Of n'est normalement pas employé dans ces deux exemples, mais on peut l'employer pour faire référence à des animaux :

the wings of an insect/the insect's wings
les ailes d'un insecte/de l'insecte

the movements of the worm/the worm's movements
les mouvements du ver de terre

Cependant, les animaux supérieurs sont considérés comme des personnes pour ce qui concerne la formation du génitif :

the lion's paw shot out from the cage
la patte du lion surgit de la cage

b) Les objets inanimés

La construction normale se forme avec **of** :

the size of the coat   **the colour of the telephone**
la taille du manteau   la couleur du téléphone

Mais avec certains noms d'inanimés, le génitif est aussi possible :

the mind's ability to recover
la capacité de l'esprit à guérir

the poem's capacity to move
la capacité du poème à émouvoir

en particulier si de tels noms font référence à des lieux ou à des institutions :

England's heritage (= the heritage of England)
l'héritage de l'Angleterre

the University's catering facilities (= the catering facilities of the University)
le service de restauration de l'université

Les noms faisant référence au temps et à la valeur sont souvent accompagnés du génitif :

today's menu   le menu du jour
two months' work   deux mois de travail
you've had your money's   tu en as eu pour ton argent
worth

Remarquez que la construction avec **of** pour des noms faisant référence au temps implique souvent une qualité de premier ordre ou une distinction particulière, comme dans :

our actor of the year award goes to ...
le prix du meilleur acteur de l'année est attribué à ...

ou bien elle peut impliquer que la durée ne doit pas être prise littéralement, comme dans :

the University of tomorrow
l'université de demain

Ici **tomorrow** ne peut signifier que l'avenir.

Un génitif peut avoir un sens ou littéral ou métaphorique :

Tomorrow's World (métaphorique)
le monde de demain

tomorrow's phone call (littéral)
le coup de téléphone de demain

tomorrow's food (soit littéral, soit métaphorique)
la nourriture de demain

Les mesures de distances sont parfois au génitif, en particulier dans des expressions figées :

a stone's throw (away)   **at arm's length**
à deux pas (d'ici)   à distance

3 Le génitif sans nom

a) Si le nom que le génitif détermine est assez clair de par le contexte, on peut alors l'omettre :

it's not my father's car, it's my mother's
ce n'est pas la voiture de mon père, c'est celle de ma mère

b) Le 'double génitif' (c'est-à-dire la construction avec **of** et le génitif dans la même phrase) est fréquent si le génitif fait référence à une personne *bien définie*. Mais le premier nom est normalement précédé d'un article *indéfini*, d'un pronom *indéfini* ou d'un adjectif numéral :

he's a friend of Peter's he's an acquaintance of my father's
c'est un ami de Peter   c'est une connaissance de mon père

he's no uncle of Mrs Pitt's
ce n'est pas l'oncle de Madame Pitt

here are some relatives of Miss Young's
voici des parents de Mademoiselle Young

two sisters of my mother's came to visit
deux sœurs de ma mère sont venues nous rendre visite

Un pronom démonstratif peut parfois précéder le premier nom. Ceci implique un certain degré de familiarité :

that car of your father's - how much does he want for it?
cette voiture, ton père, combien est-ce qu'il la vend ?

L'article défini ne peut normalement pas s'employer avec le premier nom, à moins qu'une proposition relative (ou autre déterminatif) ne suive le génitif :

the poem of Larkin's (that) we read yesterday is lovely
le poème de Larkin que nous avons lu hier est magnifique

this is the only poem of Larkin's to have moved me
c'est le seul poème de Larkin qui m'ait ému

c) Le nom sous-entendu après un génitif fait souvent référence à des locaux :

at the baker's (= baker's shop)   **at Mary's** (= at Mary's place)
chez le boulanger   chez Mary

Il est important de souligner que si un établissement (commercial) est particulièrement bien connu, on omet souvent l'apostrophe. Ainsi on a tendance à écrire **at Smiths** (chez Smiths) ou **in Harrods** (chez Harrods), le premier représentant une chaîne de magasins qui couvre la Grande-Bretagne, le second étant le célèbre grand magasin de Londres. Mais on trouverait habituellement **he bought it at Miller's** (il l'a acheté chez Miller's), étant donné que cet établissement n'est pas fermement implanté dans l'esprit des gens sur une échelle nationale.

d) On trouve souvent le 'groupe génitif' dans deux types de constructions : (1) nom + déterminatif introduit par une préposition, et (2) noms reliés par **and**. Dans de telles combinaisons, on peut ajouter le **-'s** au dernier élément :

the Queen of Holland's yacht
le yacht de la reine de Hollande

the head of department's office
le bureau du chef de département

John and Kate's new house
la nouvelle maison de John et de Kate

an hour and a half's work
un travail d'une heure et demie

Si le nom est au pluriel, on emploie normalement la construction avec **of** :

the regalia of the Queens of Holland
les insignes royaux des reines de Hollande

Cependant, si les deux noms ne forment pas une unité, ils prennent chacun la marque du génitif **-'s** :

Shakespeare's and Marlowe's plays
les pièces de Shakespeare et de Marlowe

E LE FEMININ

En anglais, il est courant de ne pas employer de mot ou de terminaison distincts pour déterminer le genre d'un nom. Beaucoup de noms s'emploient à la fois pour un homme et pour une femme :

> **artist** (artiste), **banker** (banquier(-ère)), **cousin** (cousin(e)),
> **friend** (ami(e)), **lawyer** (avocat(e)), **neighbour** (voisin(e)),
> **novelist** (romancier(-ère)), **teacher** (enseignant(e)), **zoologist**
> (zoologiste).

Mais il existe certains cas où l'on emploie différentes terminaisons pour distinguer le féminin du masculin :

Féminin	*Masculin*
actress (actrice)	**actor** (acteur)
duchess (duchesse)	**duke** (duc)
goddess (déesse)	**god** (dieu)
heroine (héroïne)	**hero** (héros)
princess (princesse)	**prince** (prince)
widow (veuve)	**widower** (veuf)
businesswoman (femme d'affaires)	**businessman** (homme d'affaires)

bien que dans beaucoup de cas il s'agisse d'une distinction de *termes*, tout comme **daughter/son** (fille/fils), **cow/bull** (vache/taureau), etc.

Mais on peut aussi dire **she is a good actor** (elle est très bonne actrice), ou bien **she was the hero of the day** (elle était le héros du jour).

S'il est nécessaire d'identifier le sexe d'une personne, on emploie soit :

> **a female friend** (une amie)   **a male friend** (un ami)
> **a female student** (une étudiante) **a male student** (un étudiant)

soit : **a woman doctor** (une femme médecin)
> **a man doctor** (un médecin)

Lorsqu'il n'est pas nécessaire ou pas possible de distinguer ou d'identifier le sexe d'une personne, il est courant d'employer le mot **person** :

a chairperson	un(e) président(e)
a salesperson	un(e) représentant(e) de commerce
a spokesperson	un porte-parole

bien que certaines femmes soient satisfaites d'être **chairman**.

L'emploi du mot **person** devient de plus en plus courant, par exemple dans les petites annonces :

> **security person required**   on cherche garde de sécurité

4 Les Adjectifs

1 Généralités

★ Les adjectifs anglais ne s'accordent jamais avec le nom.

★ L'adjectif se place toujours devant le nom en dehors de certaines exceptions, (voir p. 60-1).

2 Epithète et attribut

Les termes 'épithète' et 'attribut' font référence à la position de l'adjectif par rapport au nom. Si l'adjectif est placé devant le nom, il est épithète (**this old car** cette vieille voiture). S'il est placé tout seul après un verbe, il est attribut (**this car is old** cette voiture est vieille).

Si un adjectif a plusieurs sens, chacun de ces sens peut entrer dans une catégorie différente.

a) *Epithète seulement*

i) Certains adjectifs qui ont un rapport fort avec le nom auquel ils se rapportent dans des constructions toutes faites sont uniquement épithètes, comme dans :

he's a moral philosopher
c'est un philosophe spécialiste en éthique

ii) Les participes passés sont parfois employés de cette manière :

a disabled toilet (toilet for disabled people)
des toilettes pour handicapés

iii) Très souvent en anglais on emploie des noms avec une fonction d'adjectif :

a cardboard box
une boîte en carton

a polystyrene container
un emballage en polystyrène

a foreign affairs correspondent
un correspondant étranger

a classification problem
un problème de classification

b) *Attribut seulement*

Les adjectifs qui sont uniquement attributs qualifient généralement une condition physique ou un état mental, comme **afraid** (effrayé), **ashamed** (honteux), **faint** (= sur le point de perdre conscience), **fond** (attaché), **poorly** (souffrant), **(un)well** (en mauvaise/bonne santé) :

the girl is afraid
la fille a peur

the children need not feel ashamed
les enfants n'ont pas besoin d'avoir honte

my uncle is fond of me
mon oncle m'aime bien

he suddenly felt faint
il se sentit tout à coup sur le point de s'évanouir

our mother has been unwell for some time
notre mère ne se sent pas bien depuis un certain temps

Mais remarquez l'expression :

he's not a well man
il n'est pas dans le meilleur de sa forme (= il est très malade)

De même, **ill** et **glad** sont le plus souvent attributs, mais sont parfois épithètes lorsqu'ils ne font pas référence à une personne :

his ill health may explain his ill humour
cette mauvaise santé peut expliquer sa mauvaise humeur

these are glad tidings (vieilli)
ce sont de bonnes nouvelles

3 La position

a) Si plus d'un adjectif précède le nom, celui ou ceux qui peuvent aussi être attributs se placent en premier. Les adjectifs qui peuvent être épithètes uniquement ont un rapport trop étroit avec le nom pour qu'un autre mot puisse se placer entre eux et le nom :

he is a young parliamentary candidate
c'est un jeune candidat parlementaire

they have employed a conscientious social worker
ils ont employé une assistante sociale consciencieuse

a big old red brick house
une grande et vieille maison de brique rouge

Remarquez que les adjectifs **old** et **little** changent de sens selon leur position. Comparez (a-d) avec (e-h) :

(a) **they only have old worn-out records**
    ils n'ont que des vieux disques usés
(b) **up the path came a very old (and) dirty man**
    sur le chemin est apparu un homme très vieux et très sale
(c) **I think I left a little black book behind**
    je crois que j'ai laissé un petit cahier noir
(d) **I want the little round mirror over there**
    je veux le petit miroir rond par ici
(e) **silly old me!**
    suis-je donc bête !
(f) **you dirty old man, you!**
    espèce de vieux cochon !
(g) **this is my cute little sister**
    c'est mon adorable petite sœur
(h) **what an adorable, sweet little cottage!**
    quelle petite maison adorable et mignonne !

En (a-d) **old** et **little** ont leur premier sens et pourraient, avec ces sens, prendre une position d'attribut. Mais en (e-h) le caractère littéral des expressions est perdu : **a dirty old man** (un obsédé sexuel) n'est pas forcément âgé. Dans ce cas, on fait plus une allusion au comportement qu'à l'âge de la personne. **My little sister** en (g) signifie 'ma sœur plus jeune'; on ne s'intéresse pas du tout à la taille de la personne. Et **little** en (h) donne plus une description des émotions du locuteur que des dimensions de la maison. De même, en (e), **old** ne veut pas du tout dire 'vieux'.

b) Parfois, quand il est mis en apposition, l'adjectif se place après le nom sans qu'un verbe soit nécessaire. Ces adjectifs (et toute qualification supplémentaire éventuelle) sont similaires en fonction et en usage aux propositions relatives :

> **this is a custom peculiar to Britain**
> c'est une coutume propre à la Grande-Bretagne

> **this is a man confident of success**
> c'est un homme sûr de réussir

Les adjectifs ne peuvent être en apposition que s'ils peuvent aussi être attributs, et sont très fréquents lorsqu'ils sont qualifiés par un groupe prépositionnel, comme on le voit dans les exemples ci-dessus. Mais on trouve aussi des adjectifs en apposition employés dans un but emphatique, toujours employés par deux et plus :

> **her jewellery, cheap and tawdry, was quickly removed**
> ses bijoux, pas chers et clinquants, furent rapidement enlevés

he looked into a face sympathetic but firm
il vit un visage sympathique mais décidé

books, new or secondhand, for sale
livres, neufs ou d'occasion, à vendre

Cette fonction est assez fréquente (mais non obligatoire) après des mots imprécis comme **things** et **matters** :

his interest in matters linguistic
son intérêt pour tout ce qui touche à la linguistique

she has an abhorrence of things English
elle a en horreur tout ce qui est anglais

et pour les adjectifs en **-able** ou **-ible**, surtout si le nom est précédé de **only** (seul, unique) ou d'un superlatif :

they committed the worst atrocities imaginable
ils commirent les pires atrocités imaginables

he's the only person responsible
il est la seule personne responsable

this is the most inexpensive model available
c'est le modèle disponible le moins cher

c) Certains adjectifs d'origine française ou latine se placent après le nom auquel ils se rapportent comme en français, et dans des expressions toutes faites comme **poet laureate** (le poète lauréat), **the Princess Royal** (la Princesse Royale), **Lords Spiritual** (membres ecclésiastiques de la Chambre des Lords), **Lords Temporal** (membres temporels), **letters patent** (lettres patentes), **lion rampant** (lion rampant), **devil incarnate** (diable incarné).

4 La comparaison
LES FORMES

a) Il y a trois degrés de comparaison : **la forme de base**, **le comparatif** et **le superlatif** :

sweet doux	**beautiful** beau	(forme de base)
sweeter plus doux	**more beautiful** plus beau	(comparatif)
sweetest le plus doux	**the most beautiful** le plus beau	(superlatif)

Pour les changements d'orthographe résultant de l'addition de **-er**, **-est** (**happy** - **happier** ou **big** - **bigger**) voir p. 243-6.

b) -er/-est *ou* **more/most** ?

i) Plus l'adjectif est court, plus il est probable que son comparatif et son superlatif se formeront en ajoutant **-er** et **-est**. Ceci concerne particulièrement les adjectifs monosyllabiques, comme **keen**, **fine**, **late**, **wide**, **neat**, etc. Des adjectifs très courants comme **big** ou **fast** prennent toujours la forme **-er/-est**.

Si les adjectifs ont deux syllabes, on trouve **-er/-est** et **more/most**; **-er/-est** étant particulièrement courants avec les adjectifs qui se terminent en **-y**, **-le**, **-ow**, **-er** :

(noisy) **this is the noisiest pub I've ever seen**
c'est le pub le plus bruyant que j'aie jamais vu

(feeble) **this is the feeblest excuse I've heard**
c'est la plus mauvaise excuse que j'aie entendue

(shallow) **the stream is shallower up there**
le ruisseau est moins profond en amont

(clever) **she's the cleverest**
c'est la plus intelligente

On tend à employer **more** et **most** d'une façon de plus en plus générale au lieu de **-er/-est**. **Commoner** et **pleasanter** étaient plus courants qu'ils ne le sont maintenant ; de même que **politer** et **handsomer** par rapport à **more polite** et **more handsome**, ces derniers étant maintenant tout à fait acceptés.

ii) Les adjectifs de plus de deux syllabes utilisent **more** et **the most** :

this is the most idiotic thing I ever heard!
c'est la chose la plus idiote que j'aie entendue !

I prefer a more traditional Christmas
je préfère un Noël plus traditionnel

she's getting more and more predictable
il devient de plus en plus facile de deviner ce qu'elle va faire

Mais il existe des exceptions à cette règle :

she's unhappier than she has ever been
elle est plus malheureuse que jamais

he's got the untidiest room in the whole house
il a la chambre la plus désordonnée de toute la maison

Dans ces cas, on peut aussi employer **more/the most**.

iii) Les adjectifs qui sont formés à partir des participes passés prennent **more** au comparatif et **the most** au superlatif :

she's more gifted than her sister
elle est plus douée que sa sœur

the most advanced students
les étudiants les plus avancés

that's the most bored I've ever been!
je ne me suis jamais autant ennuyé !

Tired peut prendre les terminaisons **-er/-est**.

iv) Si la comparaison se fait entre deux adjectifs (comme choix de mots) on ne peut employer que **more** :

this sauce is more sweet than sour
cette sauce est plus douce qu'aigre

c) *Les comparaisons irrégulières*

Quelques adjectifs ont un comparatif et un superlatif irréguliers.

bad mauvais	**worse** pire	**worst** le pire
far loin	**further/farther** plus loin	**furthest/farthest** le plus loin
good bon	**better** meilleur	**best** le meilleur
little peu	**less/lesser** moins	**least** le moins
many beaucoup	**more** plus	**most** le plus
much beaucoup	**more** plus	**most** le plus

Remarquez aussi **late, latter, last** (dernier, deuxième, le dernier) (mais **later** (plus tard), **latest** (le dernier)) et **old**, **elder**, **eldest** (vieux, plus vieux, aîné) (mais **older** (plus vieux), **oldest** (le plus vieux)).

Pour l'emploi du comparatif et du superlatif (et les variantes), voir ci-dessous et p. 64-5.

d) *La comparaison d'infériorité*

Pour former les comparatifs d'infériorité, on place les adverbes **less/the least** devant les adjectifs :

it's less interesting than I thought it would be
c'est moins intéressant que je ne le pensais

this was the least interesting of his comments
c'était son commentaire le moins intéressant

Il existe une autre façon d'exprimer le comparatif :

it's not as/so interesting as I thought it would be
ce n'est pas aussi intéressant que je ne le pensais

L'EMPLOI

i) Dans les comparaisons **than** se traduit par 'que' :

it's hotter here than in Spain
il fait plus chaud ici qu'en Espagne

ii) Le comparatif est employé quand deux personnes ou deux choses sont comparées :

of the two, she is the cleverer
des deux, elle est la plus intelligente

Dans l'anglais parlé d'aujourd'hui, certains emploient aussi le superlatif :

of the two, she is the cleverest
des deux, elle est la plus intelligente

sauf, bien sûr, quand **than** suit (**she is cleverer than her brother** elle est plus intelligente que son frère).

iii) Quand plus de deux personnes ou choses sont comparées on emploie le superlatif :

she is the cleverest in the class
elle est la plus intelligente de la classe

iv) Dans les annonces publicitaires, il n'y a souvent qu'un terme dans la comparaison :

Greece - for a better holiday
La Grèce - pour de meilleures vacances

v) Dans certains cas, le comparatif est employé non pas pour marquer le degré, mais le contraste. Cela s'applique surtout pour les adjectifs qui n'ont pas de forme de base :

former: latter   **inner: outer**
premier : dernier   intérieur : extérieur

upper: nether   **lesser: greater**
supérieur : inférieur   petit : grand

Ces adjectifs dans ce sens sont toujours épithètes.

Nether est maintenant remplacé dans la plupart des cas par **lower** et il est limité essentiellement au registre de la plaisanterie :

he removed his nether garments
il a enlevé son pantalon

vi) Le superlatif absolu : il exprime que quelque chose est à un 'très haut degré' au lieu d'être au 'plus haut degré'. Habituellement, on emploie **most** au lieu de **-est**, même avec des adjectifs monosyllabiques :

this is most kind!
c'est très gentil !

I thought his lecture was most interesting
j'ai trouvé que sa conférence était des plus intéressantes

mais parfois un superlatif en **-est** est employé comme épithète :

she was rather plain but had the sweetest smile
elle n'était pas très jolie, mais elle avait un sourire magnifique

please accept my warmest congratulations!
acceptez, je vous en prie, mes très chaleureuses félicitations

CAS PARTICULIERS

i) **further/farther** et **furthest/farthest**

Further est d'un usage plus courant que **farther** quand on fait référence à la distance (et lorsqu'il est employé comme adverbe) :

this is the furthest (farthest) point
c'est le point le plus éloigné

(En tant qu'adverbe : **I can't go any further (farther)** je ne peux pas aller plus loin)

Si on fait référence au temps, à un nombre, on ne peut employer que **further** :

any further misdemeanours and you're out
une autre incartade et tu sors

this must be delayed until a further meeting
ceci doit être reporté à un prochain meeting

anything further can be discussed tomorrow
pour le reste, on verra demain

et comme un adverbe :

they didn't pursue the matter any further
ils ont décidé d'en arrêter là pour cette affaire

ii) **later/latter** et **latest/last**

Later et **latest** font référence au temps, **latter** et **last** à l'ordre, à la série :

(a) **his latest book is on war poetry**
son dernier livre en date est sur la poésie en temps de guerre

(b) **his last book was on war poetry**
son dernier livre était sur la poésie en temps de guerre

Latest en (a) a le sens de 'le plus récent', alors que **last** en (b) fait référence au dernier d'une série de livres.

Pour **latter**, voir **Les Nombres**, p. 237. Notez, de plus, que **latter** sous-entend une division en deux, comme dans **the latter part of the century** (la dernière moitié du siècle).

iii) **less/lesser**

Less est quantitatif, **lesser** est qualitatif :

use less butter
prenez moins de beurre

the lesser of two evils
le moindre de deux maux

you'll lose less money if you follow my plan
tu perdras moins d'argent si tu suis mes plans

there's a lesser degree of irony in this novel
il y a moins d'ironie dans ce roman

Mais remarquez **the lesser** (opposé à **the great(er)**) comme un adjectif de catégorie dans un registre technique ou scientifique :

the Lesser Black-backed Gull (nom scientifique)
le goéland à tête noire

Pour **less** avec les noms dénombrables, voir **Les Noms**, p. 34.

iv) **older/elder** et **oldest/eldest**

Elder et **eldest** font en général référence aux liens familiaux uniquement :

this is my elder/eldest brother
c'est mon frère aîné

bien que **older** soit aussi utilisable dans ce contexte. Si **than** (que) suit, seul **older** est possible :

my brother is older than I am
mon frère est plus vieux que moi

Remarquez l'emploi de **elder** comme nom :

listen to your elders
écoute tes aînés

she is my elder by two years   **the elders of the tribe**
elle est mon aînée de deux ans   les anciens de la tribu

5 Les adjectifs employés comme noms

a) Les adjectifs peuvent s'employer comme noms. Cet emploi concerne en général les **concepts abstraits** et les **classes ou groupes de gens** (en général ou dans un contexte particulier) :

i) Concepts abstraits :

you must take the rough with the smooth
il faut prendre les choses comme elles viennent

the use of the symbolic in his films
l'utilisation du symbolique dans ses films

ii) Classes ou groupes de gens :

we must bury our dead   nous devons enterrer nos morts

the poor are poor because they have been oppressed by the rich
les pauvres sont pauvres parce qu'ils ont été opprimés par les riches

the blind, the deaf   **the young, the old**
les aveugles, les sourds   les jeunes, les vieux

Et la célèbre description des chasseurs de renards par Oscar Wilde :

the unspeakable in full pursuit of the uneatable
l'innommable à la poursuite de l'immangeable

Remarquez qu'en anglais ces mots ont un sens de pluriel collectif. Pour désigner une personne dans un groupe, on ajoute **man**, **woman**, **person**, etc. selon le cas :

a blind woman
une aveugle

three deaf people
trois sourds

b) Normalement, un adjectif ne peut pas remplacer un nom singulier dénombrable. Dans ce cas, il est nécessaire d'employer **one** (mais voir aussi **one**, p. 124) :

I don't like the striped shirt; I prefer the plain one
je n'aime pas la chemise à rayures, je préfère l'unie

of all the applicants, the French one was the best
de tous les candidats, le Français était le meilleur

Cependant, il existe un certain nombre de participes passés que l'on peut utiliser (avec l'article défini) pour remplacer un nom dénombrable. Par exemple :

the accused
l'accusé/les accusés

the deceased/the departed
le mort/les morts

the deceased's possessions were sold
les biens du mort furent vendus

Ces adjectifs substantivés ne prennent pas de **-s** au pluriel.

c) Pour les exemples au pluriel en a), on n'ajoutait pas de **-s** à l'adjectif, mais parfois la conversion d'un adjectif en nom est totale et l'adjectif prend un **-s** au pluriel :

the Blacks against the Whites in South Africa
les Noirs contre les Blancs en Afrique du Sud

the Reds
les Rouges (les Communistes)

here come the newly-weds
voilà les nouveaux mariés

please put all the empties in a box
s'il te plaît, mets les vides dans un carton (les bouteilles vides)

d) *Nationalités*

i) En anglais, les adjectifs et les noms de nationalité prennent une majuscule (ainsi que les noms de langues) :

an American car
une voiture américaine

an American
un Américain

ii) On peut rendre la nationalité de quatre façons différentes :

(1) adjectif ordinaire
(2) nom et adjectif identiques
(3) comme le groupe (2) mais le nom prend un **-s** au pluriel
(4) nom et adjectif différents (mais, au pluriel, le nom + **-s** est aussi possible)

Groupe 1

adjectif : **English Literature**
la littérature anglaise

employé comme nom (lorsqu'il se réfère à la nation) :

the English are rather reserved
les Anglais sont plutôt réservés

Les adjectifs du Groupe 1 ne peuvent pas être utilisés comme noms pour faire référence à des individus. Dans ce cas, la terminaison **-man** (ou **-woman**) est utilisée :

we spoke to two Englishmen/Englishwomen
nous avons parlé à deux Anglais/Anglaises

D'autres exemples appartenant au Groupe 1 sont **Irish** (irlandais), **Welsh** (gallois), **French** (français), **Dutch** (hollandais).

Groupe 2

adjectif : **Japanese art**
l'art japonais

employé comme nom lorsqu'il se réfère à une nation :

the Japanese are a hardworking nation
les Japonais sont un peuple de travailleurs

et lorsqu'il se réfère à des individus (sans **-s** au pluriel) :

it's hard to interpret the smile of a Japanese
il est difficile d'interpréter le sourire d'un Japonais

I've got six Japanese in my class
il y a six Japonais dans ma classe

D'autres adjectifs se comportent comme **Japanese** :
Chinese (chinois), **Burmese** (birman), **Vietnamese** (vietnamien), **Portuguese** (portugais), et aussi **Swiss** (suisse).

Groupe 3

adjectif :   **German institutions**   les institutions allemandes

employé comme nom (au pluriel avec un **-s**) lorsqu'il fait référence à une nation :

the Germans produce some fine cars
les Allemands produisent de belles voitures

et lorsqu'il se réfère à des individus (avec un **-s** au pluriel) :

he was having a conversation with a German
il était en conversation avec un Allemand

we met quite a few Germans on our holiday
nous avons rencontré un bon nombre d'Allemands pendant nos vacances

De même, ceux qui se terminent en -**an**, par exemple :

African (africain), **American** (américain), **Asian** (asiatique), **Australian** (australien), **Belgian** (belge), **Brazilian** (brésilien), **Canadian** (canadien), **European** (européen), **Hungarian** (hongrois), **Indian** (indien), **Iranian** (iranien), **Italian** (italien), **Norwegian** (norvégien), **Russian** (russe)

(mais notez que **Arabian** (arabe) appartient au Groupe 4 ci-dessous) et ceux qui se terminent en -**i** :

Iraqi (iraquien), **Israeli** (israélien), **Pakistani** (pakistanais)

Remarquez que l'on emploie **Bangladesh** comme adjectif (**the Bangladesh economy** l'économie bengalaise), et **Bangladeshi** pour les personnes (**a Bangladeshi/three Bangladeshis came to see me** un Bengalais est venu me voir/trois Bengalais sont venus me voir).

On trouve aussi dans ce groupe **Czech** (tchèque), **Cypriot** (chypriote), **Greek** (grec).

Groupe 4

adjectif :   **Danish furniture**   les meubles danois

employé comme nom lorsqu'il fait référence à une nation :

the Danish know how to eat   les Danois savent bien manger

Mais il y a un nom différent qui peut aussi être utilisé pour faire référence à la nation :

the Danes know how to eat   les Danois savent bien manger et qui est la *seule* forme admise pour désigner les individus :

a Dane will always ask you what something costs
un Danois vous demandera toujours combien ça coûte

there were two Danes in the cast
il y avait deux Danois dans la distribution

De même pour : **British/Briton** (Britannique), **Finnish/Finn** (Finlandais), **Polish/Pole** (Polonais), **Spanish/Spaniard** (Espagnol), **Swedish/Swede** (Suédois).

Remarquez **Arabian/Arab** : l'adjectif courant est **Arabian** (**Arabian Nights** les Milles et Une Nuits) sauf si l'on parle de la langue ou des chiffres :

the Arabic language is difficult – do you speak Arabic?
la langue arabe est difficile – parlez-vous l'arabe ?

thank God for Arabic numerals, I can't cope with the Roman ones
heureusement qu'il y a les chiffres arabes, je ne m'en sors pas avec les chiffres romains

Arab est employé pour désigner les individus, sauf si **Saudi** le précède. Dans ce cas **Saudi Arabian** ou **Saudi** est employé :

he's worked a lot with Arabs
il a beaucoup travaillé avec des Arabes

the hotel has been hired by Saudi Arabians (ou **Saudis**)
l'hôtel a été loué par des Saoudiens

iii) Remarques sur **Scottish, Scots** et **Scotch** (écossais) :

Aujourd'hui **Scotch** est d'un usage rare, sauf dans des locutions (concernant souvent la nourriture ou les boissons), par exemple **Scotch egg** (= une sorte de rissole qui contient un œuf dur), **Scotch whisky**, **Scotch broth** (potage d'orge, de légumes et d'agneau) et **Scotch terrier**.

Dans les autres cas, l'adjectif est normalement **Scottish** comme dans **a Scottish bar** (un bar écossais), **Scottish football supporters** (supporters de football écossais), même si **Scots** est parfois utilisé pour les personnes : **a Scots lawyer** (un avocat écossais). Les linguistes font maintenant la distinction entre le **Scottish English** (= l'anglais parlé avec un accent écossais) et le **Scots** (= le dialecte écossais).

Pour désigner la nation, on emploie **the Scots** (les Ecossais) (parfois **the Scottish**). L'individu est **a Scot** (au pluriel **Scots**) ou **a Scotsman** (au pluriel **Scotsmen**).

5 Les Adverbes

Par adverbe on entend un seul mot (par exemple **happily**) et par groupe adverbial ou proposition adverbiale on entend un groupe de mots ayant une fonction adverbiale.

A LES DIFFERENTS TYPES

a) *Adverbes en tant que tels et dérivés*

On peut distinguer deux sortes d'adverbes suivant leur forme : les adverbes 'en tant que tels' ou les adverbes 'dérivés'.

Les adverbes 'dérivés' sont ceux dérivés d'une autre classe de mots, par exemple :

happily (heureusement)	de l'adjectif **happy**
hourly (par heure)	du nom **hour** ou de l'adjectif **hourly**
moneywise (en ce qui concerne l'argent)	du nom **money**

Parmi les adverbes en tant que tels on trouve :

here ici	**often** souvent
there là-bas	**never** jamais
now maintenant	**soon** bientôt
then alors	**very** très

b) *Sens*

Les adverbes peuvent se diviser en divers types selon leur sens. Les adverbes suivants sont particulièrement courants :

i) Adverbes de temps :

now (maintenant), **then** (alors), **once** (une fois), **soon** (bientôt), **always** (toujours), **briefly** (brièvement)

I saw her once	je l'ai vue une fois
you always say that	tu dis toujours ça

ii) Adverbes de lieu :

here (ici), **there** (là-bas), **everywhere** (partout), **up** (en haut), **down** (en bas), **back** (derrière)

come here   viens ici

iii) Adverbes de manière :

well (bien), **clumsily** (maladroitement), **beautifully** (merveilleusement)

what's worth doing is worth doing well
ce qui vaut la peine d'être fait vaut la peine d'être bien fait

iv) Adverbes d'intensité :

rather (plutôt), **quite** (assez), **very** (très), **hardly** (à peine), **extremely** (extrêmement)

this gravy is rather good
cette sauce est plutôt bonne

B LES DIFFERENTES FORMES

a) *Les adverbes en* **-ly**

On ajoute normalement cette terminaison directement à l'adjectif correspondant :

sweet : sweetly
gentil : gentiment

Mais si l'adjectif se termine en **-ic**, on ajoute **-ally** :

intrinsic : intrinsically   **drastic : drastically**
intrinsèque : intrinsèquement   radical : radicalement

Les seules exceptions sont :

public : publicly
publique : publiquement

et **politic : politicly** (judicieux : judicieusement) employé assez rarement.

Pour les changements d'orthographe (comme dans **happy : happily** heureux : heureusement ou **noble: nobly** noble : noblement), voir p. 243-4.

Remarquez que l'on prononce toujours la voyelle de **-ed** à l'intérieur d'un adverbe, qu'on la prononce dans l'adjectif correspondant ou pas :

assured : assuredly (**-e** prononcé dans l'adverbe)
assuré : assurément

offhanded : offhandedly (**-e** prononcé dans les deux cas)
désinvolte : avec désinvolture

b) *Même forme que l'adjectif*

Certains adverbes ont la même forme que l'adjectif correspondant, par exemple :

a fast car	**he drives too fast**
une voiture rapide	il conduit trop vite
a hard punch	**he hit him hard**
un coup dur	il l'a frappé fort

D'autres adverbes peuvent soit avoir la même forme que l'adjectif soit avoir la terminaison **-ly** :

why are you driving so slow(ly)?
pourquoi conduis-tu si lentement ?

he speaks a bit too quick(ly) for me
il parle un peu trop vite pour moi

La forme sans **-ly** est parfois considérée comme appartenant au langage familier.

c) *La comparaison*

On forme le comparatif et le superlatif des adverbes ayant un degré de signification (voir 1b) ci-dessus) avec **-er/-est** ou **more/the most** de la même manière que les adjectifs.

Les adverbes formés à partir de l'adjectif + **-ly** ont un comparatif et un superlatif construits avec **more** et **the most** :

the most recently published works in this field
les ouvrages publiés le plus récemment dans ce domaine

Mais **early**, qui n'est pas dérivé d'un adjectif sans **-ly**, prend **-er/-est** :

he made himself a promise to get up earlier in future
il s'est promis de se lever plus tôt à l'avenir

Les adverbes qui ont la même forme que l'adjectif correspondant prennent **-er/-est** :

I can run faster than you think
je peux courir plus vite que tu crois

we arrived earlier than we expected
nous sommes arrivés plus tôt que prévu

Aux adjectifs **slow** et **quick** on peut ajouter soit **-ly** ou ne pas ajouter de terminaison du tout (ce que certains considèrent familier) pour former l'adverbe. Ils ont donc deux types de comparatifs :

you ought to drive more slowly
tu devrais conduire plus lentement

could you drive a little slower please
pourriez-vous conduire un peu plus lentement, s'il vous plaît ?

letters are arriving more quickly than they used to
les lettres arrivent plus vite qu'avant

letters are getting through quicker than before
les lettres arrivent plus vite qu'avant

Les adverbes suivants sont irréguliers :

badly mal	**worse** pire	**worst** le pire
far loin	**further, farther** plus loin	**furthest, farthest** le plus loin
little peu	**less** moins	**least** le moins
much beaucoup	**more** plus	**most** le plus
well bien	**better** mieux	**best** le mieux

Le comparatif de **late** est **later** (régulier) ; le superlatif est **latest** (régulier = le plus récent) et **last** (irrégulier = le dernier). Pour les différences de sens et d'usage entre **latest** et **last**, **further/furthest** et **farther/farthest**, comparez les adjectifs correspondants, p. 65-6.

d) *Pour exprimer l'idée de 'plus/moins ... plus/moins ...'*

the hotter it gets, the more she suffers
plus il fait chaud, plus elle souffre

the less I see of him the better!
moins je le vois, mieux je me porte !

the sooner the better
le plus tôt sera le mieux

the more the merrier
plus on est de fous, plus on rit

e) -wise

On peut ajouter le suffixe **-wise** à des noms pour former un adverbe qui a le sens général de 'en ce qui concerne' (quel que soit le nom) :

how's he feeling? – do you mean mentally or healthwise?
comment se sent-il ? – tu veux dire mentalement ou en ce qui concerne sa santé ?

Bien que cette construction soit très courante, elle a tendance à être employée à l'oral plus qu'à l'écrit, et elle n'est pas toujours considérée comme particulièrement élégante, surtout pour un usage plus 'créatif' :

things are going quite well schedule-wise
les choses se passent assez bien en ce qui concerne nos prévisions

we're not really short of anything furniture-wise
nous ne manquons pas de grand-chose en ce qui concerne les meubles

the town's quite well provided restaurant-wise
la ville a pas mal de restaurants

C L'EMPLOI

1 Fonctions de l'adverbe et des constructions adverbiales

Les adverbes et les groupes adverbiaux s'emploient pour modifier:

(1) des verbes :

he spoke well
il a bien parlé

he spoke in a loud voice
il a parlé d'une voix forte

(2) des adjectifs :

that's awfully nice of you
c'est vraiment gentil à vous

this isn't good enough
ça n'est pas assez bien

(3) d'autres adverbes :

she didn't sing well enough
elle n'a pas assez bien chanté

it happened extremely quickly
ça s'est passé extrêmement vite

(Remarquez que **enough** suit l'adjectif ou l'adverbe qu'il modifie.)

(4) des noms qui sont employés comme des adjectifs attributs :

this is rather a mess   **he's quite a hero**
c'est plutôt en désordre   c'est un vrai héros

(5) toute la phrase :

fortunately they accepted the verdict
par bonheur ils ont accepté le verdict

this is obviously a problem
c'est de toute évidence un problème

amazingly enough, it was true
aussi incroyable que cela puisse paraître, c'était vrai

2 Les adverbes ayant la même forme que l'adjectif

Parmi ceux-ci on trouve :

far (lointain - loin), **fast** (rapide - vite), **little** (petit - peu), **long** (long - longtemps), **early** (en avance - tôt), **only** (seul - seulement)

et un certain nombre en **-ly** dérivés de noms (faisant souvent référence au temps), par exemple :

daily (quotidien - tous les jours), **monthly** (mensuel - tous les mois), **weekly** (hebdomadaire - toutes les semaines), **deathly** (cadavérique - comme la mort), **leisurely** (tranquille - sans se presser)

he travelled to far and distant lands (adjectif)
il a voyagé dans des pays lointains

he travelled far and wide (adverbe)
il a voyagé par monts et par vaux

this is a fast train (adjectif)   **you're driving too fast** (adverbe)
c'est un train rapide   vous roulez trop vite

he bought a little house (adjectif)
il a acheté une petite maison

little do you care! (adverbe)
ça t'importe peu !

Churchill loved those long cigars (adjectif)
Churchill aimait ces longs cigares

have you been here long? (adverbe)
vous êtes ici depuis longtemps ?

you'll have to catch the early plane (adjectif)
il faudra que tu prennes le premier avion

they arrived early (adverbe)
ils sont arrivés tôt

she's an only child (adjectif)   **I've only got 10p** (adverbe)
elle est fille unique   j'ai seulement 10p.

do you get a daily newspaper? (adjectif)
vous achetez un quotidien ?

there's a flight twice daily (adverbe)
il y a un vol deux fois par jour

you'll receive this in monthly instalments (adjectif)
vous le recevrez en versements mensuels

the list will be updated monthly (adverbe)
la liste sera mise à jour tous les mois

a deathly silence fell on the spectators (adjectif)
un silence de mort s'abattit sur les spectateurs

she was deathly pale (adverbe)
elle avait le teint blafard

we took a leisurely stroll after dinner (adjectif)
nous avons fait une promenade tranquille après le dîner

his favourite pastime is travelling leisurely along the Californian coast (adverb)
son passe-temps favori est de voyager à loisir le long de la côte californienne

3 La position de l'adverbe

a) *Les adverbes de temps*

i) S'ils font référence à un moment précis, on les place normalement en fin de phrase :

the shops close at 8 tonight
les magasins ferment à 8 heures ce soir

tonight the shops close at 8
ce soir les magasins ferment à 8 heures

will I see you tomorrow?   **tomorrow it'll be too late**
est-ce que je te vois demain ?   demain il sera trop tard

Mais le mot **now** (maintenant) précède souvent le verbe :

I now see the point
je vois maintenant ce que vous voulez dire

now I see the point
maintenant je vois ce que vous voulez dire

I see the point now
je vois ce que vous voulez dire maintenant

now is the time to make a decision
c'est maintenant le moment de prendre une décision

ii) Si l'on fait référence à un moment imprécis, on place
normalement l'adverbe avant le verbe principal :

I always buy my shirts here
j'achète toujours mes chemises ici

we soon got to know him
on a bientôt appris à le connaître

we have often talked about it
on en a souvent parlé

they have frequently discussed such matters
ils ont fréquemment discuté de tels sujets

Mais de tels adverbes suivent normalement les formes du verbe
to be :

he's never late
il n'est jamais en retard

he was frequently in trouble with the police
il avait souvent des problèmes avec la police

S'il y a plus d'un auxiliaire, ces adverbes ont tendance à
précéder le deuxième. Pour les accentuer on peut les placer
après le deuxième auxiliaire :

she has frequently been visited by distant relatives
des parents lointains lui ont fréquemment rendu visite

she has been frequently visited by distant relatives
fréquemment des parents lointains lui ont rendu visite

b) *Les adverbes de lieu*

Ils suivent le verbe (et le complément d'objet) :

they travelled everywhere   **they have gone back**
ils/elles ont voyagé partout   ils/elles sont retourné(e)s

I saw you there
je vous ai vu là-bas

Mais remarquez la position à l'initiale devant **be** :

there's the postman   **here are your books**
voilà le facteur   voici tes livres

et devant des pronoms personnels employés avec **be**, **come** et **go** :

there he is   le voilà
here she comes   la voilà (qui arrive)

c) *Les adverbes de manière*

i) Très souvent la position d'un adverbe de manière ne changera aucunement le sens de la phrase. On peut donc le placer où bon nous semble, suivant les nuances, ou le ton que l'on veut donner au discours :

they stealthily crept upstairs
they crept stealthily upstairs
they crept upstairs stealthily
ils ont monté les escaliers furtivement

stealthily, they crept upstairs
furtivement, ils ont monté les escaliers

she carefully examined the report
she examined the report carefully
elle examina le rapport avec attention

it was beautifully done
it was done beautifully
ce fut très bien fait

Mais, dans certains cas, si l'on veut mettre l'accent sur l'adverbe, la position où il aura plus d'impact est en fin de phrase. Comparez par exemple :

he quickly wrote a postcard (and left)
il a rapidement écrit une carte (et il est parti)

he wrote a postcard quickly (which nobody could read)
il a écrit une carte en vitesse (qui était illisible)

Plus on met l'accent sur la manière, plus l'adverbe a des chances de suivre le verbe.

Dans la phrase suivante, une seule position est possible :

they fought the war intelligently
ils ont mené la guerre avec intelligence

ii) Si le complément d'objet direct est extrêmement long, on évite de placer l'adverbe en fin de phrase :

she carefully examined the report sent to her by the Minister
elle examina attentivement le rapport envoyé par le Ministre

iii) La position en tête de phrase est très descriptive et emphatique :

clumsily, he made his way towards the door
maladroitement, il se dirigea vers la porte

iv) Les adverbes modifiant les phrases et les adverbes modifiant les verbes :

Suivant la place qu'il a dans la phrase, l'adverbe va modifier la phrase entière ou bien le verbe seul :

Comparez les phrases suivantes :

she spoke wisely at the meeting
elle a parlé avec sagesse durant la réunion

she wisely spoke at the meeting
elle a eu la sagesse de parler à la réunion

Voici des exemples analogues :

she spoke naturally and fluently (modifie le verbe)
elle parla avec naturel et aisance

she naturally assumed it was right (modifie la phrase)
elle supposa naturellement que c'était vrai

naturally, she assumed it was right (modifie la phrase)
naturellement elle supposa que c'était vrai

she understood it clearly (modifie le verbe)
elle comprit cela clairement

she clearly understood it (modifie la phrase ou le verbe)
de toute évidence elle comprit cela
elle comprit cela clairement

clearly, she understood it (modifie la phrase)
de toute évidence elle le comprit

Le mot **enough** peut aussi s'employer après un adverbe pour marquer le fait que l'adverbe est employé pour modifier la phrase :

funnily (enough), they both spoke at the meeting
aussi drôle que cela puisse paraître, ils ont parlé tous les deux à la réunion

d) *Les adverbes d'intensité*

i) Si ceux-ci modifient des adverbes, des adjectifs ou des noms, ils précèdent ces mots :

she played extremely well   **this is very good**
elle a joué extrêmement bien   c'est très bien

it's too difficult to define   **it's rather a shame**
c'est trop difficile à définir   c'est bien dommage

ii) Sinon ils précèdent normalement le verbe principal :

I nearly forgot your anniversary
j'ai failli oublier ton anniversaire

I could hardly remember a thing
je pouvais à peine me souvenir de quoi que ce soit

I merely asked
j'ai tout simplement demandé

we just want to know the time of departure
nous voulons juste connaître l'heure du départ

we very much enjoyed your book
nous avons beaucoup apprécié votre livre

they also prefer white wine
ils/elles préfèrent aussi le vin blanc

Mais **too** (dans le sens de 'aussi') suit normalement les mots qu'il modifie :

you too should go and see the exhibition
toi aussi, tu devrais aller voir cette exposition

you should try to see that exhibition too
tu devrais aussi aller voir cette exposition

iii) **only** (seulement)

Cet adverbe pose rarement des difficultés en anglais parlé, car l'accentuation et l'intonation révèlent son sens :

(a) **Bill only saw Bob today**
Bill a seulement vu Bob (mais il ne lui a pas parlé)

(b) **Bill only saw Bob today**
Bill n'a vu que Bob aujourd'hui (il n'a vu personne d'autre)

(c) **Bill only saw Bob today**
Bill n'a vu Bob qu'aujourd'hui (il l'a vu seulement
aujourd'hui/aujourd'hui seulement)

Mais de telles différences sont obscures dans la langue écrite, à
moins que le contexte ne soit clair. Ainsi dans (b) dans la langue
écrite, on changerait la place de l'adverbe de la façon suivante :

Bill saw only Bob today
Bill n'a vu que Bob aujourd'hui

et (c) deviendrait :

it was only today that Bill saw Bob
ce n'est qu'aujourd'hui que Bill a vu Bob

Dans (a), on écrirait probablement le mot accentué en italique :

Bill only *saw* **Bob today**
Bill n'a fait que voir Bob aujourd'hui

iv) **very** ou **much ?** (très/beaucoup)

★ Devant des adjectifs dans leur forme de base, on emploie **very** :

these are very fine
ils sont très beaux

ainsi que devant des superlatifs en **-est** :

these are the very finest copies I've seen
ce sont les plus belles copies que j'aie jamais vues

Cependant, dans la construction au superlatif qui suit, **much**
s'emploie devant **the** du superlatif :

this is much the best example in the book
c'est de loin le meilleur exemple du livre

★ Le comparatif est accompagné de **much** :

she's much taller than you
elle est bien plus grande que toi

she's much more particular
elle est beaucoup plus pointilleuse

★ Il en est de même avec les adverbes :

you do it very well, but I do it much better
tu le fais très bien, mais je le fais bien mieux

★ Les verbes sont accompagnés de **much** (qui est lui-même modifié par **very**) :

I love you very much
je t'aime énormément

★ Avant les participes passés :

S'ils ont la fonction d'adjectif, on emploie **very** :

I'm very tired
je suis très fatigué

we're very interested in this house
nous sommes très intéressés par cette maison

they became very offended
ils se sont beaucoup offensés

they sat there, all very agitated
ils étaient assis là, tous très agités

I'm very pleased to meet you
je suis très heureux de vous rencontrer

these suitcases are looking very used
ces valises paraissent très usagées

Mais s'ils ne sont pas considérés comme adjectifs en tant que tels, ou s'ils gardent leur fonction verbale, on emploie alors **much** :

this has been much spoken about (pas **very**)
on en a beacoup parlé

these suitcases haven't been much used (pas **very**)
ces valises n'ont pas été très utilisées

he has been much maligned (pas **very**)
on l'a beaucoup diffamé

they were much taken aback by the reception they received (aussi **very**)
ils ont été époustouflés par l'accueil qu'on leur a réservé

his new house is much admired by people round here (pas **very**)
les gens du coin ont beaucoup d'admiration pour sa nouvelle maison

Dans un langage familier, on préfère employer **a lot** que **much**, en particulier à la forme affirmative :

these haven't been used a lot
ceux-ci n'ont pas été beaucoup utilisés

v) **enough**

Lorsqu'il est employé comme adverbe, **enough** se place après l'adjectif :

he isn't big enough for that yet
il n'est pas encore assez grand pour ça

On l'emploie aussi après un nom employé comme adjectif attribut :

he isn't man enough for the job
il n'a pas la carrure suffisante pour ce travail

Remarquez que **enough** peut séparer l'adjectif du nom :

it's a decent enough town
c'est pas mal comme ville

e) *Les adverbes modifiant toute la phrase*

i) On a beaucoup de choix quant à la position dans la phrase. Voir plus haut sous **les adverbes de manière**, p. 80-2. Voici quelques exemples de phrases modifiées par des adverbes qui ne sont pas des adverbes de manière :

probably that isn't true
that probably isn't true
ceci n'est probablement pas vrai

fortunately, he stopped in time
heureusement, il s'est arrêté à temps

he fortunately stopped in time
il s'est heureusement arrêté à temps

he stopped in time, fortunately
il s'est arrêté à temps, heureusement

f) *La place de* **not**

i) **Not** précède le groupe adverbial qu'il modifie :

is he here? – not yet   **do you mind? – not at all**
est-il ici ? – pas encore   ça ne te dérange pas ? – pas du tout

he speaks not only English, but also French
il parle non seulement anglais, mais aussi français

he lives not far from here
il n'habite pas loin d'ici

Dans l'exemple suivant, c'est **absolutely** (absolument) qui qualifie **not**, et pas le contraire :

have you said something to her? – absolutely not
tu lui as dit quelque chose ? – absolument pas

ii) **Not** suit le verbe **be** :

he is not hungry
il n'a pas faim

iii) Puisque **do** s'emploie lorsque le verbe principal est à la forme négative, il y a toujours au moins un auxiliaire à cette forme. **Not** (ou **-n't**) suit normalement le premier auxiliaire :

he does not smoke/he doesn't smoke
il ne fume pas

they would not have seen her/they wouldn't have seen her
ils ne l'auraient pas vue

Mais dans des questions, la forme complète de **not** suit le sujet, tandis que **-n't** le précède, étant lié à l'auxiliaire :

did they not shout abuse at her?
didn't they shout abuse at her?
est-ce qu'ils ne lui ont pas lancé des insultes ?

have they not shouted abuse at her?
haven't they shouted abuse at her?
est-ce qu'ils ne lui ont pas lancé des insultes ?

iv) En américain, **not** peut précéder un subjonctif :

it is important that he not be informed of this
il est important qu'il ne soit pas informé de cela

v) Remarquez aussi ce qui suit :

did you do it? – not me
tu l'as fait ? – non, c'est pas moi

will she come? – I hope not
est-ce qu'elle viendra ? – j'espère que non

Ici **not** est la négation de **will come** (**I hope she won't come**
j'espère qu'elle ne viendra pas)

6 Les Pronoms Personnels

	Singulier	*Pluriel*
1ère	**I/me**	**we/us**
2ème	**you**	**you**
3ème	**he/him, she/her, it**	**they/them**

Voir p. 242 pour l'ordre des pronoms personnels dans une phrase.

Dans le tableau ci-dessus la première forme de chaque paire est la forme du sujet, la seconde celle des autres emplois :

she's not here yet (sujet)
elle n'est pas encore là

Jane didn't see her (complément d'objet direct)
Jane ne l'a pas vue

Jane wrote her a letter (complément d'objet indirect)
Jane lui a écrit une lettre

it's her!   **with/for her**
c'est elle !   avec/pour elle

You correspond à toutes les formes de la deuxième personne française 'tu, vous' au singulier et au pluriel.

a) *Sujet ou complément ?*

i) Habituellement, les formes sujets (**I, you, he, she, we, they**) sont utilisées comme sujets. Des phrases comme :

me and the wife are always there
ma femme et moi, nous sommes toujours là

sont incorrectes, bien qu'elles soient souvent entendues. Mais en anglais, on utilise souvent la forme complément (**me, him, her, us, them**) là où en français on utilise les formes 'moi, toi', etc. :

who is it? – it's me   **who did it? – me** (ou **I did**)
qui est-ce ? – c'est moi   qui a fait cela ? – moi

It is I/he/she, etc. seraient considérés d'une politesse presque ridicule.

Cependant, si une proposition relative suit, les formes sujets sont assez courantes à condition que le pronom relatif ait une fonction de sujet; on dira :

it was I who did it   ou :   **it was me that did it** (familier)
c'est moi qui l'ai fait

mais toujours :   **it was me (that) you spoke to**
c'est à moi que vous avez parlé

La forme sujet **I** est fréquente dans la phrase **between you and I** (entre vous et moi). Cet emploi incorrect est décrié par les puristes qui lui préfèrent **between you and me**. Voir plus loin à **Pronoms Réfléchis**, p. 96.

ii) On place généralement la forme complément après **than** et **as** (si aucun verbe ne suit) :

she's not as good as him, but better than me
elle n'est pas aussi bonne que lui, mais meilleure que moi

mais, si un verbe suit :

she's not as good as he is, but better than I am
elle n'est pas aussi bonne que lui, mais meilleure que moi

Cependant, dans un style plus soutenu, la forme sujet peut être placée en position finale après **than** et **as**, et surtout après **than** :

he is a better man than I
c'est un homme meilleur que moi

b) *Omission du pronom sujet*

En général on n'omet pas le pronom sujet en anglais - il existe cependant, comme partout, quelques exceptions :

i) Omission de **it** :

Dans un registre familier, le pronom à la troisième personne du singulier **it** peut être omis dans des usages comme :

looks like rain this afternoon
on dirait qu'il va pleuvoir cet après-midi

what do you think of it? – sounds/smells good
qu'est-ce que tu en penses ? – ça a l'air/sent bon

Mais ce n'est pas une caractéristique que l'on peut appliquer à n'importe quel autre exemple.

ii) Emplois particuliers :

Les pronoms peuvent être omis quand plus d'un verbe suit le sujet :

I know the place well, go there once a week, even thought about moving there

je connais bien cet endroit, j'y vais une fois par semaine, j'ai même pensé m'y installer

iii) Impératif :

A l'impératif, bien sûr, on omet les pronoms sujets :

don't do that!
ne fais pas cela !

Mais on peut les utiliser pour renforcer le sens de l'impératif (par exemple, pour proférer une menace) :

don't you do that!
ne fais donc pas ça, toi !

c) *He, she* ou *it* ?

He (**him**, **his**) ou **she** (**her**) sont parfois employés pour désigner autres choses que des personnes, c.-à-d. des animaux et certains objets. Dans ce cas, on montre que le locuteur a une relation assez intime avec la chose ou l'animal en question, ou qu'il montre un intérêt tout particulier envers cette chose ou envers cet animal. Autrement, on emploie **it**.

i) Animaux :

Fluffy is getting on: she probably won't give birth to any more kittens
Fluffy vieillit, elle n'aura sans doute plus de chatons

the poor old dog, take him for a walk, can't you!
le pauvre vieux toutou, tu veux bien l'emmener faire une promenade ?

mais :

a dog's senses are very keen; it can hear much higher frequencies than we can
les sens des chiens sont très développés; ils peuvent percevoir des fréquences bien plus élevées que nous

ii) Moyens de transport :

On utilisera en général le féminin **she**, à moins d'une raison particulière (qui peut être tout à fait personnelle) :

she's been a long way, this old car
elle en a fait du chemin, cette vieille voiture

there she is! - the Titanic in all her glory!
le voilà - le Titanic dans toute sa splendeur !

mais :

this ship is larger than that one, and it has an extra funnel
ce bateau est plus grand que celui-là, et il a une cheminée de plus

The Flying Scotsman will soon have made his/her last journey
le 'Flying Scotsman' fera bientôt son dernier voyage (à propos du train)

iii) Pays :

and Denmark? - she will remember those who died for her
et le Danemark ? - il se souviendra de ceux qui sont morts pour lui

mais :

Denmark is a small country; it is almost surrounded by water
le Danemark est un petit pays ; il est presque entièrement entouré d'eau

d) *It* sans référence

i) Comme en français, on peut utiliser en anglais le pronom impersonnel **it** pour parler du temps, donner des jugements et décrire des situations, etc. :

it's raining   **it's freezing in here**
il pleut   on se gèle ici

what's it like outside today?   **it's wrong to steal**
il fait quel temps dehors aujourd'hui ? il ne faut pas voler

it's very cosy here   **it's clear they don't like it**
c'est très confortable ici   il est clair que ça ne leur plaît pas

it's not easy to raise that sort of money
ce n'est pas facile de trouver une telle somme d'argent

it looks as if/seems/appears that they've left
on dirait qu'ils sont partis

Et aussi pour faire référence à un point précis dans l'espace ou dans le temps :

it's ten o'clock
il est dix heures

it's June the tenth
c'est le 10 Juin

it's time to go
il est temps de partir

it's at least three miles
ça fait au moins 4 kilomètres

Mais si on évoque la durée, on emploie **there** :

there's still time to mend matters
il reste du temps pour réparer les choses

Remarquez aussi la phrase **it says** (on dit) pour faire référence à un texte :

it says in today's Times that a hurricane is on its way
on dit dans le 'Times' d'aujourd'hui qu'un ouragan se dirige sur nous

ii) **It** peut aussi être utilisé d'une façon impersonnelle, surtout dans des expressions toutes faites :

that's it! (that's right)
c'est ça !

beat it! (familier)
va-t'en !

she thinks she's it (familier)
elle s'y croit

she has it in for him (familier)
elle a une dent contre lui

e) *Emploi collectif*

You, **we** et **they** sont souvent employés d'une façon collective pour désigner 'les gens en général'. La différence entre ces trois termes se résume au fait que si **you** est employé, la personne à laquelle on s'adresse fait normalement partie des 'gens', alors que si le locuteur emploie **we**, il renforce le fait qu'il est lui-même inclus dans ces 'gens'. **They** fait référence aux *autres* gens en général :

you don't see many prostitutes in Aberdeen any more
on ne voit plus beaucoup de prostituées à Aberdeen

I'm afraid we simply don't treat animals very well
j'ai bien peur qu'on ne traite pas les animaux très bien

they say he beats his wife
on dit qu'il bat sa femme

i) **You** employé pour faire une remarque sur une situation :

you never can find one when you need one
on n'en trouve jamais quand on en a besoin

you never can be too careful
on n'est jamais trop prudent

ii) **You** employé pour donner des instructions :

you first crack the eggs into a bowl
cassez d'abord les œufs dans un saladier

you must look both ways before crossing
il faut regarder des deux côtés de la route avant de traverser

Voir aussi **one** p. 94.

f) *Emplois particuliers de* **we**

En dehors de l'emploi collectif de **we** (voir p. 91), il convient de noter deux autres emplois :

i) le 'nous' de majesté (= je), comme on le trouve dans la célèbre remarque de la Reine Victoria :

we are not amused
nous ne trouvons pas cela drôle

ii) le 'nous' de condescendance ou ironique (= tu, vous), très fréquemment utilisé par les professeurs et par les infirmières :

and how are we today, Mr Jenkins?, could we eat just a teeny-weeny portion of porridge?
et comment nous portons-nous aujourd'hui, M.Jenkins ? allons-nous manger un tout petit peu de porridge ?

I see, Smith, forgotten our French homework, have we?
alors, Smith, on a oublié ses exercices de français, n'est-ce pas ?

g) *Emploi de* **they**

i) L'emploi de **they** collectif est devenu très courant, pour renvoyer à **somebody, someone, anybody, anyone, everybody, everyone, nobody, no one**. Le **they** collectif évite le **he or she** maladroit (parfois écrit **s/he**).

Certains considèrent malheureux l'emploi de **he** seul comme pronom collectif mis pour 'les gens'. Le **they (their, them(selves))** collectif est maintenant courant dans l'anglais parlé et parfois écrit (même si on ne fait référence qu'à un sexe) et offre un moyen pratique d'éviter de s'exprimer d'une façon qui pourrait être jugée sexiste :

if anybody has anything against it, they should say so
si certains sont contre, qu'ils le disent

everybody grabbed their possessions and ran
tout le monde a ramassé ses affaires et s'est enfui

somebody has left their bike right outside the door
quelqu'un a laissé son vélo juste devant la porte

Cet emploi est de plus en plus courant avec des noms précédés non seulement par **any**, **some** ou **no**, mais aussi par l'article indéfini collectif :

some person or other has tampered with my files - they'll be sorry
quelqu'un a touché à mes dossiers sans permission - il va le regretter

no child is allowed to leave until they have been seen by a doctor
aucun enfant ne pourra sortir avant d'avoir été examiné par un médecin

a person who refuses to use a deodorant may find themselves quietly shunned at parties
les gens qui refusent de se mettre du déodorant risquent de se trouver un peu seul pendant des soirées

Pour l'emploi de **one**, voir p. 94.

ii) **They** est employé pour faire référence à une (ou à plusieurs) personne(s) que l'on ne connaît pas, mais qui représente(nt) l'autorité, le pouvoir, le savoir :

they will have to arrest the entire pit
on va devoir arrêter la mine toute entière

they should be able to repair it
ils devraient pouvoir le réparer

they will be able to tell you at the advice centre
on pourra vous renseigner au bureau d'information

when you earn a bit of money they always find a way of taking it off you
quand on gagne un peu d'argent, ils trouvent toujours un moyen pour vous en prélever

De cet emploi est née l'expression 'them and us' (eux et nous) qui fait référence à ceux qui ont le pouvoir (eux), et ceux qui ne l'ont pas (nous).

h) *One* collectif

One est employé comme un sujet et comme un complément d'objet. La forme possessive est **one's**.

i) Si **one** est collectif, le locuteur s'inclut dans 'les gens en général' :

well, what can one do?
eh bien, qu'est-ce qu'on peut faire ?

one is not supposed to do that
on n'est pas censé faire ça

One offre un moyen pratique d'éviter les erreurs d'interprétation de **you** comme dans :

you need to express yourself more clearly
tu dois t'exprimer plus clairement

Pour être plus précis, un locuteur désirant énoncer une généralité, et non pas faire référence à un individu en particulier, préferera utiliser la phrase suivante :

one needs to express oneself more clearly
il faut s'exprimer plus clairement

Cependant, on évite habituellement d'employer ce pronom d'une façon excessive ou répétitive.

ii) L'emploi de **one** pour la première personne, c.-à-d. à la place de **I** (je) ou **we** (nous), est maintenant considéré précieux :

seeing such misery has taught one to appreciate how lucky one is in one's own country
le spectacle de tant de misère nous a appris à apprécier la chance que nous avons de vivre dans notre pays

one doesn't like to be deprived of one's little pleasures, does one?
on ne se prive de rien, n'est-ce pas ?

En anglais américain, le pronom à la troisième personne au masculin peut suivre un **one** collectif :

one shouldn't take risks if he can avoid it
on ne devrait pas prendre de risques si on peut l'éviter

i) *It ou so* ?

Comparez :

> (a) **she managed to escape – I can quite believe it**
> elle a réussi à s'échapper – je le crois bien

> (b) **did she manage to escape? – I believe so**
> est-elle parvenue à s'échapper ? – oui, je le pense

La conviction est plus forte en (a) où on est presque convaincu. En (b) la croyance est plus vague et on pourrait remplacer **believe** (croire) par **think** (penser). De même, **it** représente quelque chose de précis, mais **so** est plus vague. Voici d'autres exemples où **it/so** font référence à une affirmation précédente :

it's a difficult job, but I can do it
c'est difficile, mais je peux le faire

you promised to call me but didn't (do so)
tu avais promis de m'appeler, mais tu ne l'as pas fait

you're a thief! there, I've said it
tu es un voleur ! voilà, je l'ai dit

you're a thief! – if you say so
tu es un voleur ! – puisque tu le dis

D'autres verbes qui prennent souvent **so** : **expect**, **hope**, **seem**, **suppose**, **tell** :

has he left? – it seems so
il est parti ? – on dirait bien

I knew it would happen, I told you so
je savais que ça arriverait, je vous l'avais dit

7 Les Pronoms Réfléchis

	Singulier	*Pluriel*
1ère	**myself** (moi-même)	**ourselves**
2ème	**yourself**	**yourselves**
3ème	**himself, herself, itself, oneself**	**themselves**

a) Employé comme attribut, complément d'objet direct, complément d'objet indirect et après des prépositions pour renvoyer au sujet :

I am not myself today (attribut)
je ne me sens pas bien aujourd'hui

she has burnt herself (complément d'objet direct)
elle s'est brûlée

we gave ourselves a little treat (complément d'objet indirect)
nous nous sommes offert une petite gâterie

why are you talking to yourself? (après une préposition)
pourquoi parles-tu tout seul ?

Mais lorsqu'on évoque l'espace ou la direction, (au sens propre ou au sens figuré) les pronoms personnels sont souvent préférés après une préposition :

we have a long day in front of us
nous avons une longue journée devant nous

she put her bag beside her
elle a posé son sac à côté d'elle

have you got any cash on you?
avez-vous du liquide sur vous ?

she married beneath her
elle s'est déclassée en se mariant

he has his whole life before him
il a toute la vie devant lui

mais toujours **beside + -self** dans un sens figuré :

they were beside themselves with worry
ils étaient dévorés d'inquiétude

b) *Emploi d'intensité*

Lorsque le locuteur souhaite donner une certaine intensité à
quelque chose dont il parle, il emploie souvent un pronom réfléchi :

**you're quite well-off now, aren't you? – you haven't done so
badly yourself**
tu es plutôt riche, n'est-ce pas ? – tu ne t'es pas si mal
débrouillé toi-même

**only they themselves know whether it is the right thing to
do**
eux seuls savent si c'est la bonne chose à faire

get me a beer, will you? – get it yourself
tu vas me chercher une bière, s'il te plaît ? – va te la chercher
tout seul

for the work to be done properly, one has to do it oneself
pour bien faire ce travail, il faut le faire soi-même

La position du pronom réfléchi peut modifier le sens de la phrase :

the Prime Minister wanted to speak to him herself
le Premier Ministre a voulu lui parler elle-même

mais :

the Prime Minister herself wanted to speak to him
le Premier Ministre elle-même a voulu lui parler (c.-à-d. que pas
moins qu'elle a voulu lui parler)

c) *Après as, like, than et and*

Après ces mots, il est très courant qu'on utilise les pronoms
réfléchis au lieu des pronoms personnels, parfois parce qu'on hésite
entre la forme de sujet et la forme de complément (voir **Les
Pronoms Personnels** p. 87-8) :

he's not quite as old as myself
il n'est pas aussi âgé que moi

like yourself, I also have a few family problems
comme vous, j'ai aussi mes problèmes familiaux

this job needs people more experienced than ourselves
ce travail demande des gens plus qualifiés que nous

he said it was reserved specially for you and myself
il a dit que ça nous était spécialement réservé, a toi et à moi

d) *Verbes réfléchis*

i) Quelques rares verbes ne sont que réfléchis, par exemple :
absent oneself (s'absenter), **avail oneself of** (utiliser), **betake oneself** (se rendre), **demean oneself** (s'abaisser), **ingratiate oneself** (se faire bien voir), **perjure oneself** (se parjurer), **pride oneself** (se fier).

ii) D'autres ont des significations totalement différentes lorsqu'ils sont réfléchis et lorsqu'ils ne le sont pas :

he applied for the post
il a posé sa candidature pour le poste

he should apply himself more to his studies
il devrait se consacrer davantage à ses études

iii) Et il existe plusieurs verbes dont le sens demeure le même que le verbe soit réfléchi ou non :

they always behave (themselves) in public
ils se conduisent toujours bien en public

we found it very difficult to adjust (ourselves) to the humid climate
nous avons trouvé très difficile de nous adapter au climat humide

Notez que l'élément réfléchi peut ajouter un sens de détermination. Comparez :

(a) **he proved to be useful**
il a fini par être utile

(b) **so as not to face redundancy, he'll have to prove himself more useful**
pour éviter le licenciement, il devra se montrer plus utile

(c) **the crowd pushed forward**
la foule avançait

(d) **the crowd pushed itself forward**
la foule s'avançait

Dans l'exemple (d), il y a plus de détermination que dans l'exemple (c).

8 Les Possessifs

a) Les adjectifs

	Singulier	*Pluriel*
1ère	**my** (mon, ma, mes)	**our** (notre, nos)
2ème	**your** (ton, ta, tes; votre, vos)	**your** (votre, vos)
3ème	**his** (son, sa, ses)	**their** (leur, leurs)
	her (son, sa, ses)	
	its (son, sa, ses)	

Les pronoms

	Singulier	*Pluriel*
1ère	**mine** (le mien, etc.)	**ours**
2ème	**yours**	**yours**
3ème	**his**, **hers**, **its**	**theirs**

Remarquez qu'à la troisième personne du singulier il y a trois formes que l'on utilise selon que le possesseur est du sexe masculin ou féminin ou qu'il est neutre. Il est important de se souvenir qu'il n'existe pas de genres grammaticaux en anglais et que le choix entre **his/her** dépend uniquement du sexe du possesseur. Pour les objets et les animaux on emploie **its** (voir ci-dessous) :

who is that man? what is his name?
qui est cet homme ? quel est son nom ?

who is that woman? what is her name?
qui est cette femme ? quel est son nom ?

what street is this? what is its name?
quelle est cette rue ? quel est son nom ?

Dans les cas où l'on emploie **he** ou **she** pour des animaux ou pour des objets (voir **Les Pronoms Personnels** p. 89), on emploie les possessifs correspondants :

our dog's hurt his/its paw
notre chien s'est fait mal à la patte

the lion is hunting its prey
le lion chasse sa proie

Voici d'autres exemples :

they've bought their tickets/they've bought theirs
ils/elles ont acheté leurs tickets/ils/elles ont acheté les leurs

ours is much older/ours are much older
le/la nôtre est beaucoup plus vieux/vieille/les nôtres sont
beaucoup plus vieux/vieilles

Remarquez le 'double génitif' (comparez à p. 55) :

he's an old friend of mine
c'est un de mes anciens amis

that mother of hers is driving me mad
sa mère à elle me rend fou

b) *Adjectif possessif ou article ?*

On utilise en anglais un adjectif possessif où, très souvent, en
français on préfère utiliser l'article défini. C'est souvent le cas
lorsqu'on parle du corps ou des vêtements :

he put his hands behind his back
il a mis les mains derrière le dos

she's broken her leg   **my head is spinning**
elle s'est cassé la jambe   j'ai la tête qui tourne

what have you got in your pockets?
qu'est-ce que tu as dans les poches ?

Dans une phrase utilisant une préposition, l'article défini est
généralement employé (bien que l'adjectif possessif soit aussi
possible) :

he grabbed her by the waist
il l'a attrapée par la taille

he was punched on the nose
il a reçu un coup de poing dans le nez

Mais si le mot qui désigne une certaine partie du corps est lui-
même qualifié par un adjectif, alors l'adjectif possessif, et non
l'article, est utilisé :

he grabbed her by her slim little waist
il l'a attrapée par sa petite taille mince

Voir aussi **Le Pluriel Distributif** dans la section **Les Noms**, p. 50.

9 Les Démonstratifs

Singulier	*Pluriel*
this, that	**these, those**

Les formes sont les mêmes pour l'adjectif démonstratif (ce, cette, ces, etc.) et le pronom démonstratif (celui-ci, celle-ci, celle-là, etc.).

a) **This** et **these** renvoient à quelque chose qui se trouve **près** du locuteur, ou qui a un rapport **immédiat** avec le locuteur, alors que **that** et **those** ont un rapport plus distant avec lui. **This/these** sont à **here/now** ce que **that/those** sont à **there/then** :

   (a) **this red pen is mine; that one is yours**
   ce crayon rouge-ci est le mien ; celui-là est le tien

   (b) **that red pen is mine; this one is yours**
   ce crayon rouge-là est le mien ; celui-ci est le tien

En (a) le crayon rouge se trouve plus près du locuteur que l'autre crayon ; en (b) c'est le contraire.

Autres exemples :

   I want to go – you can't mean that
   je veux partir – tu ne veux pas dire ça !

   this is what I want you to do ...
   voici ce que je veux que tu fasses ...

   in those days it wasn't possible
   à cette époque-là ce n'était pas possible

   what are these (knobs) for?
   à quoi servent ceux-ci/ces boutons ?

   this is Christine, is that Joanna? (au téléphone)
   ici Christine, c'est Joanna ?

Quand ils sont pronoms, les démonstratifs ne peuvent pas renvoyer à des personnes, sauf s'ils sont sujets ou attributs :

   this is Carla   **who is this?**
   c'est Carla   qui est-ce ?

Ainsi dans :

would you take this?
tu veux bien prendre ça ?

this ne peut pas désigner une personne.

b) *this/these* indéfinis

L'emploi de **this/these** comme pronoms indéfinis est très courant en l'anglais familier parlé, quand on raconte une histoire, une blague par exemple :

this Irishman was sitting in a pub when ...
un Irlandais était assis dans un pub quand ...

the other day these guys came up to me ...
l'autre jour, des types se sont approchés de moi ...

c) *that/this* adverbes

En anglais parlé, **that/this** sont souvent utilisés comme des adverbes, dans un sens proche de **so** (si), avant un adjectif ou avant un autre adverbe :

I like a red carpet but not one that red
j'aime bien les tapis rouges, mais pas aussi rouge que ça

I don't like doing it that/this often
je n'aime pas le faire si souvent

now that we've come this far, we might just as well press on
puisqu'on est allé jusque là, autant continuer

I don't want that/this much to eat!
je veux pas manger autant que ça !

she doesn't want to marry him, she's not that stupid
elle ne veut pas se marier avec lui, elle n'est pas si stupide

10 Les Interrogatifs

who/whom/whose, which, what et toutes les formes combinées avec **-ever**, par exemple : **whichever**

On distingue l'emploi adjectif de l'emploi pronom :

> **which do you want?** (pronom)
> lequel veux-tu ?

> **which flavour do you want?** (adjectif)
> quel parfum veux-tu ?

Remarquez qu'ils sont invariables. Le premier exemple pourrait tout aussi bien se traduire par 'laquelle/lesquels/lesquelles veux-tu ?'

a) *who* et *whom*

Who et **whom** sont toujours des pronoms (c.-à-d. qu'ils ne sont jamais suivis par un nom) et ils renvoient à des personnes :

> **who are you?**
> qui êtes-vous ?

> **to whom were your remarks addressed?**
> à qui s'adressaient vos remarques ?

Whom est utilisé dans un style soutenu, lorsqu'il est complément d'objet (direct ou indirect) ou qu'il suit une préposition :

> **whom did she embrace?**
> qui a-t-elle embrassé ?

> **to whom did he give his permission?**
> à qui a-t-il donné la permission ?

> **I demanded to know to whom he had spoken**

ou :

> **I demanded to know whom he had spoken to**
> j'ai exigé de savoir à qui il avait parlé

En anglais parlé d'aujourd'hui, **who** est normalement utilisé pour toutes les fonctions. (**Whom** est obligatoire directement **après** une préposition, mais ce genre de tournure n'est pas très employé en anglais parlé d'aujourd'hui.) Par exemple :

who did you see at the party?
qui as-tu vu à la soirée ?

I want to know who you spoke to just now
I want to know to whom you spoke just now (style soutenu)
je veux savoir avec qui tu étais en train de parler

b) *whose*

C'est la forme au génitif de **who**. Il peut être pronom ou adjectif :

whose are these bags?	**whose bags are these?**
à qui sont ces sacs ?	ce sont les sacs de qui ?

c) *which/what*

Au contraire de **who(m)**, **which** peut être adjectif ou pronom, et peut renvoyer à une personne ou à un objet :

which actor do you mean?
de quel acteur parles-tu ?

which of the actors do you mean?
duquel des acteurs parles-tu ?

of these two recordings, which do you prefer?
de ces deux enregistrements, lequel préfères-tu ?

which recording do you prefer?
quel enregistrement préfères-tu ?

La différence entre **which** et **who/what** est que **which** est limitatif : il invite celui à qui on parle à faire un choix parmi un certain nombre de choses précises.

Comparez :

what would you like to drink?
qu'est-ce que tu veux boire ?

I've got coffee or tea – which would you like?
j'ai du café ou du thé – qu'est-ce que tu veux ?

Si l'objet du choix n'est pas identifié avant la question, on ne peut employer que **what** :

what would you like to drink? I've got sherry or vermouth or Campari
qu'est-ce que tu veux boire ? j'ai du sherry, du vermouth ou du Campari

d) *what*

Lorsqu'il est un pronom, **what** ne renvoie jamais à une personne :

what is this object?
qu'est-ce que c'est que cet objet ?

don't ask me what I did
ne me demande pas ce que j'ai fait

sauf si on fait référence à des caractéristiques personnelles :

and this one here, what is he? – he's German
et celui-ci, qu'est-ce qu'il est ? – c'est un Allemand

Lorsqu'il est adjectif, **what** peut renvoyer à une personne, à un animal ou à une chose :

what child does not like sweets?
quel enfant n'aime pas les bonbons ?

what kind of powder do you use?
quelle sorte de lessive utilisez-vous ?

Pour la différence entre **which** et **what**, voir c) ci-dessus.

Remarquez l'emploi de **what** dans les exclamations :

what awful weather!
quel temps affreux !

what a dreadful day!
quelle journée épouvantable !

what must they think!
qu'est-ce qu'ils doivent penser !

e) *Avec -ever*

Le suffixe **-ever** exprime la surprise, la confusion ou l'ennui, l'agacement :

whatever do you mean? (confusion ou ennui)
qu'est-ce que tu veux dire ?

whoever would have thought that? (surprise)
qui donc aurait pu penser cela ?

whatever did you do that for? (ennui, agacement)
pourquoi as-tu donc fait ça ?

11 Les Relatifs

who/whom/whose, **which**, **what**, **that** et toutes les formes combinées avec **-ever**, par exemple : **whichever**.

a) Les pronoms relatifs (sauf **what**) ont en général un antécédent auquel ils se rapportent. Dans :

> **she spoke to the man who/that sat beside her**
> elle a parlé à l'homme qui s'était assis à côté d'elle

who/that est le pronom relatif et **the man** l'antécédent.

b) *Déterminative et explicative*

Une proposition relative peut être déterminative ou explicative. Si elle est déterminative, elle est **nécessaire** au sens de la phrase complète par le lien qui l'unit à l'antécédent. Si elle est explicative, elle a un rapport moins étroit avec l'antécédent. Une proposition explicative a un rôle similaire à une parenthèse. Par exemple :

> **he helped the woman who had called out**
> il aida la femme qui avait appelé au secours

Cette phrase peut vouloir dire deux choses : (1) 'il aida la femme qui avait appelé au secours et non celle qui ne l'avait pas fait' ; ou (2) 'il aida la femme (qui, par ailleurs, avait appelé au secours)'.

Dans le sens (1), on a une proposition relative déterminative : on définit la femme comme celle qui avait appelé au secours.

Dans le sens (2), la femme a déjà été évoquée et définie dans la conversation, et la proposition relative n'apporte pas d'éléments majeurs à la phrase ; elle ne fait que donner une information supplémentaire, mais pas nécessaire.

Il n'est pas tout à fait exact, cependant, de dire que la phrase comme on l'a donnée plus haut peut avoir deux significations : les propositions relatives explicatives *devraient* être précédées d'une virgule, les propositions relatives déterminatives jamais. Ainsi, dans cette phrase, la proposition relative est déterminative. La proposition explicative serait :

> **he helped the woman, who had called out**
> il aida la femme, qui avait appelé au secours

Il est évident que l'emploi des propositions déterminatives n'a de sens que s'il existe deux possibilités ou plus. C'est-à-dire qu'une proposition relative qui a un antécédent exclusif comme **my parents** (je n'ai que deux parents, et je n'ai pas besoin de préciser ou déterminer lesquels) est toujours explicative :

my parents, who returned last night, are very worried
mes parents, qui sont rentrés hier soir, sont très inquiets

he went to Godalming, which is a place I don't much care for
il est allé à Godalming, qui n'est pas un endroit que j'apprécie particulièrement

Le pronom relatif **that** est employé uniquement avec des propositions relatives déterminatives. **Who** et **which** peuvent être utilisés dans les deux cas.

c) *who/whom/that*

Who ou **that** sont utilisés comme sujets (qui) :

the girl who/that rescued him got a medal
la fille qui l'a sauvé a reçu une médaille

Who(m) ou **that** sont utilisés comme compléments (que) :

the man who(m)/that she rescued was a tourist
l'homme qu'elle a sauvé était un touriste

Whom est utilisé dans un style plus soutenu. Pour plus de renseignements, voir **Les Interrogatifs**, p. 103.

d) *who/which/that*

i) **who/that**

Ces formes renvoient à des personnes ou à des animaux dont il a été question dans la section **Les Pronoms Personnels** c) ci-dessus, p. 87 :

we ignored the people who/that were late
nous n'avons pas tenu compte des gens qui étaient en retard

the mouse did not get past Fluffy, who had it in her jaws in no time
la souris ne put pas s'échapper à Fluffy, qui la prit dans sa gueule en un éclair

Remarquez que **who** uniquement et non **that** peut être employé dans le second exemple, qui est une proposition relative explicative, voir b) ci-dessus.

Pour les noms collectifs, si l'on veut leur donner un caractère individuel, on emploie **who** ou **that**. Si l'on considère le groupe d'une manière moins personnelle, on emploie **which** ou **that** :

the crowd who/that had gathered were in great spirits
(aspect personnalisé)
la foule qui s'était rassemblée était très enthousiaste

the crowd which/that had gathered was enormous
(aspect collectif)
la foule qui s'était rassemblée était énorme

De même pour les noms de sociétés et ceux des grands magasins :

try Harrods who, I'm sure, will order it for you
(aspect personnalisé)
va voir chez Harrods qui, j'en suis sûr, le commandera pour toi

you'll find it in Harrods, which is a gigantic store
(aspect non personnalisé)
tu le trouveras chez Harrods, qui est un magasin gigantesque

ii) **which/that**

Which ou **that** ne sont pas utilisés pour désigner des personnes :

the car which/that drove into me
la voiture qui m'est rentrée dedans

the disks which/that I sent you
les disquettes que je t'ai envoyées

Attention : bien que les pronoms personnels puissent être utilisés pour des moyens de transport, comme on l'a vu p. 90, cette possibilité de personnalisation ne s'applique pas aux pronoms relatifs.

e) *whose*

La forme au génitif **whose** renvoie à des personnes et à des animaux. Elle est souvent employée, quand elle renvoie à une chose, à la place de **of which** :

this is the girl whose mother has just died
c'est la fille dont la mère vient juste de mourir

oh, that's that new machine whose cover is damaged
oh, c'est la nouvelle machine dont le couvercle est abîmé

the department, whose staff are all over 50, is likely to be closed down
ce service, dont le personnel a plus de 50 ans, risque de fermer

these are antiques whose pedigree is immaculate
ce sont des objets anciens dont l'authenticité est irréprochable

the vehicles, the state of which left a good deal to be desired, had been in use throughout the year
les véhicules, dont l'état laissait à désirer, avaient été en service pendant toute l'année

f) *which*

i) **Which** ne renvoie jamais aux personnes :

I received quite a few books for Christmas, which I still haven't read
j'ai reçu un bon nombre de livres pour Noël, que je n'ai pas encore lus

sauf quand on évoque un trait de caractère :

she accused him of being an alcoholic, which in fact he is
elle l'a accusé d'être alcoolique, ce que d'ailleurs il est

ii) On ne trouve **which** utilisé comme adjectif qu'après une préposition ou lorsque son antécédent est une chose. **Which** quand il est adjectif est d'un style un peu soutenu, même après une préposition :

he returned to Nottingham, in which city he had been born and bred
il revint à Nottingham, ville dans laquelle il avait grandi

et il est très soutenu quand il n'est pas accompagné d'une préposition :

he rarely spoke in public, which fact only added to his obscurity
il parlait très peu en public, particularité qui contribuait à le laisser dans l'ombre

ou archaïque ou légal si l'antécédent est une personne :

Messrs McKenzie and Pirie, which gentlemen have been referred to above ...
MM. McKenzie et Pirie, lesquels messieurs ont été évoqués plus haut ...

g) *what*

i) **What** est le seul relatif qui ne prend pas d'antécédent. Il peut être pronom ou adjectif. Quand il est pronom, il fait référence normalement à une chose, et a souvent le sens de **that which** (ce qui/que), ou, au pluriel, **the things which** (les choses qui/que) :

show me what did the damage
montre-moi ce qui a causé les dégâts

Quand il est adjectif, il peut renvoyer à une personne ou à une chose, et il correspond à **the** (+ nom) **who/which** :

show me what damage was done
montre-moi quels dégâts ont été faits

with what volunteers they could find, they set off for the summit
avec les volontaires qu'ils ont pu trouver, ils sont partis à la conquête du sommet

what money they had left, they spent on drink
l'argent qu'il leur restait, ils le dépensèrent en alcool

ii) **what** ou **which**?

Seul **which** peut renvoyer à une proposition complète alors que **what** n'a pas d'antécédent. Mais **what** peut annoncer ou anticiper une proposition. Comparez les deux exemples suivants :

she left the baby unattended, which was a silly thing to do
elle a laissé le bébé tout seul, ce qui était idiot

mais :

she left the baby unattended and what's more, she smacked it when it cried
elle a laissé le bébé tout seul, et pire encore, elle lui a donné une fessée quand il s'est mis à pleurer

h) *Avec -ever*

Au contraire des pronoms interrogatifs, (voir ci-dessus, p. 103) **-ever** n'exprime pas la surprise, la confusion ou l'agacement quand il est associé avec un relatif ; il permet seulement de les renforcer dans le sens de **no matter (who, which, what)** (qui que ce soit qui/que) :

tell it to whoever you want to
dis-le à qui tu veux

do whatever you like
fais ce que tu veux

take whichever (tool) is best
prend celui (des outils) qui convient le mieux

I'll do it whatever happens
je le ferai quoi qu'il arrive

whatever problems we may have to face, we'll solve them
quels que soient les problèmes que nous ayons à affronter, nous les résoudrons

i) *Omission du relatif*

Le pronom relatif peut être omis (et il l'est très souvent en anglais parlé) dans les propositions relatives déterminatives sauf s'il est sujet ou s'il est précédé par une préposition :

these are the things (which/that) we have to do
ce sont les choses que nous devons faire

I saw the boy (who/that) you met last night
j'ai vu le garçon que tu as rencontré hier soir

is this the assistant (who/that) you spoke to?
est-ce à cette assistante que tu as parlé ?

who's the girl you came to the party with?
qui est la fille avec qui tu es venu à la soirée ?

she's not the woman (that) she was
elle n'est plus la femme qu'elle était

Remarquez que **that** seulement pourrait être utilisé dans cette dernière phrase.

Remarquez aussi que la construction assez soutenue :

who are the people with whom you are doing business?
qui sont les gens avec qui vous travaillez ?

peut être évitée si l'on change de place la préposition (**with**) :

who are the people you are doing business with?

En anglais familier parlé, le pronom relatif sujet est souvent omis après **there is**, **here is**, **it is**, **that is** :

there's a man wants to speak to you
il y a un monsieur qui veut te parler

it isn't everybody gets a chance like that
ce n'est pas tout le monde qui a une chance comme ça

that was her husband just walked by
c'est son mari qui vient juste de passer

12 Les Pronoms et les Adjectifs Indéfinis

a) *some* et *any*

i) Lorsqu'ils sont combinés avec **-body**, **-one**, **-thing**, ce sont des pronoms, alors que **some** et **any** seuls peuvent être pronoms ou adjectifs, singulier ou pluriel :

did you speak to anybody?
as-tu parlé à quelqu'un ?

tell me something
dis-moi quelque chose

I have some (sugar)
j'ai du sucre/j'en ai

do you have any (friends)?
avez-vous des amis ?/en avez-vous ?

ii) Si le locuteur emploie **some**, il considère que la chose, l'animal ou la personne dont il parle existe ou, au moins, il s'attend à ce qu'ils existent. S'il emploie **any**, il ne formule aucune condition concernant cette éventualité d'existence. C'est pourquoi **any** est utilisé dans les propositions négatives, et avec des mots qui ont un sens négatif, comme **hardly** (à peine) :

I haven't got any, but you have some
je n'ai pas d'argent, mais toi, tu en as

I have got hardly any money
je n'ai presque pas d'argent

De même, **any** est fréquent dans les propositions interrogatives et conditionnelles, car ces propositions sont par définition non-affirmatives :

have you got any money?
avez-vous de l'argent ?

if you have any money, give it to me
si tu as de l'argent, donne-le-moi

Cependant, c'est une erreur de dire (comme le font d'autres grammaires) que **some** est rare dans les propositions interrogatives et conditionnelles. Tout dépend de ce que le locuteur veut dire ou de ce qu'il sous-entend.

Comparez :

(a) **have you got some brandy for the pudding?**
    avez-vous du brandy pour le pudding ?

(b) **did you bring some sweets for the kids?**
    avez-vous apporté quelques bonbons pour les enfants ?

(c) **if you had some milk, you'd feel better**
    si vous preniez du lait, vous vous sentiriez mieux

(d) **if they leave some ice-cream behind, can I have it?**
    s'ils laissent de la glace, je peux la manger ?

(e) **have we got any brandy in the house?**
    est-ce qu'on a du brandy quelque part ?

(f) **did you give any sweets to that donkey?**
    avez-vous donné des bonbons à cet âne ?

(g) **if you've had any milk, please tell me**
    si vous avez pris du lait, dites-le-moi

(h) **if they left any ice-cream behind, I didn't see it**
    s'ils ont laissé de la glace, je ne l'ai pas vue

En (a)-(d) **some** veut dire 'un peu de' ou 'quelques', alors que en (e)-(h) **any** veut dire 'du tout'. Par exemple, en (e) le locuteur veut savoir s'il y a du brandy à la maison ou s'il n'y en a pas. Il ne s'intéresse pas à la quantité, comme c'est le cas du locuteur en (a), qui en veut juste assez pour le pudding.

De même, **some milk** en (c) veut dire 'un verre de lait' ou une quantité semblable, alors que le médecin qui parle en (g) veut savoir si le malade a pris la moindre quantité de lait (parce que le lait pourrait expliquer certains symptômes).

iii) **Some/any** et leur combinaisons :

Comparez :

(a) **have they produced any?**
    est-ce qu'ils en ont fait ?

(b) **have they produced anything?**
    est-ce qu'ils ont fait quelque chose ?

En (a) le nom auquel **any** fait référence est sous-entendu et a été évoqué un peu plus tôt ; mais en (b) on ne fait pas de référence directe à quelque chose en particulier. Un exemple typique pour (a) serait :

they're always going on about how much they like children - have they produced any yet?
ils disent toujours qu'ils adorent les enfants; est-ce qu'ils en ont déjà fait un ?

et pour (b) :

the think-tank have been locked away for a week - have they produced anything yet?
le groupe de réflexion est enfermé depuis une semaine - est-ce qu'ils ont trouvé quelque chose ?

Les pronoms **some** et **any** peuvent aussi renvoyer à des noms indénombrables (dans l'exemple ci-dessus, **any** fait référence à un nom dénombrable (**children**), qui doit être au pluriel) :

I've run out of coffee, have you got any?
je n'ai plus de café, tu en as ?

Mais remarquez que **some** est pronom quand il a le sens de 'les gens qui' ou 'ceux qui' :

there are some who will never learn
il y a des gens qui n'apprendront jamais

iv) **some(thing)/any(thing)** + **of** + nom :

Some/any avant une locution qui commence par **of** est **quantitatif** par son sens, alors que **something/ anything** + locution qui commence par **of** est **qualitatif**. Comparez :

(a) **give me some of that cheese**
donne-moi (un peu) de ce fromage

(b) **he hasn't got any of her qualities**
il n'a aucune de ses qualités

(c) **he hasn't got anything of her qualities**
il n'a en rien ses qualités

(d) **there is something of the artist in her**
il y a quelque chose d'artistique chez elle

En (a) et en (b) **some** et **any** font référence à 'une part de, un peu de' alors que en (c) et en (d) ils renvoient à 'quelque chose dans la manière de' ou 'quelque chose qui relève de'.

v) **some** = un(e) certain(e) :

On a vu plus haut (en ii) ci-dessus) que **some** est utilisé dans un contexte positif avec des noms au pluriel (**would you like some biscuits?**) ou des noms indénombrables (**he stayed here for some time**). Lorsqu'il est placé devant un nom dénombrable au **singulier**, il veut souvent dire 'un certain' :

some person (or other) must have taken it
quelqu'un l'aura pris

he's got some fancy woman in London, it seems
il semble qu'il a une certaine bonne amie à Londres

come and see me some time
il faudra que tu viennes me voir un jour (emploi de **time** différent de celui dans l'exemple ci-dessus)

vi) **some** = 'un mauvais' ou 'un bon' :

En anglais familier, on utilise souvent **some** dans ces deux sens :

some husband you are! - always in the pub with your mates!
quel mauvais mari tu fais, toujours au pub avec tes copains !

this really is some party!
c'est vraiment une soirée fantastique !

vii) Les adverbes **some/any, something, anything** :

Some : devant des nombres = à peu près, autour de :

some fifty people were present
une cinquantaine de personnes étaient présentes

avec **more** :

talk to me some more
parle-moi encore un peu

en anglais américain :

we talked some
on a un peu parlé

Any est utilisé comme un adverbe devant les comparatifs :

he isn't any less of a friend in spite of this
il n'en est pas moins mon ami pour autant

I refuse to discuss this any further
je refuse de parler de cela davantage

Avant **like**, **something** ou **anything** sont aussi employés comme adverbes dans le sens de 'plutôt' ou 'environ' (**something**) et 'rien' (**anything**) :

it looks something like a Picasso
ça ressemble à du Picasso

something like fifty or sixty people were present
environ cinquante à soixante personnes étaient présentes

it wasn't anything like I had imagined
ça n'avait rien à voir avec ce que j'avais imaginé

Autrement **something** employé comme adverbe d'intensité est familier ou régional :

that baby howls something terrible!
ce bébé hurle d'une façon terrible

he fancies her something rotten
elle lui plaît un maximum

b) *no et none*

i) **No** est adjectif :

he has no house, no money, no friends
il n'a pas de maison, pas d'argent, pas d'amis

sauf s'il est employé comme un adverbe, dans le sens de 'pas' devant les comparatifs :

we paid no more than 2 pounds for it
nous ne l'avons pas payé plus de deux livres

I want £2 for it, no more, no less
j'en veux deux livres, ni plus, ni moins

La différence entre **not** et **no** dans ce cas est que **not** est plus précis, **no** ayant un caractère émotionnel. **No more than** peut être remplacé par **only** (seulement). Mais si le locuteur dit :

I wish to pay not more than £2
j'aimerais ne pas payer plus de deux livres

il précise que le prix ne doit pas dépasser deux livres.

ii) **None** est un pronom :

do you have any cigarettes? – no, I've none left
avez-vous des cigarettes ? – non, je n'en ai plus

I tried a lot but none (of them) fitted
j'en ai essayé beaucoup, mais aucun ne m'allait

Remarquez qu'en anglais parlé courant, une phrase comme :

I have none
je n'en ai pas

peut paraître formelle ou d'un ton dramatique ou est employée pour marquer l'emphase. La construction normale serait :

I don't have any
je n'en ai pas

Quand on fait référence à des gens, **none of them/us/you** (aucun d'eux/de nous/de vous) est plus courant que **none** (aucun, personne) en anglais parlé :

none of us knew where he had filed it
aucun de nous ne savait où il l'avait classé

I waited for them for hours, but none of them came
je les ai attendus pendant des heures, mais aucun d'eux n'est venu

many have set out to climb this mountain but none have ever returned
nombreux sont ceux qui sont partis à la conquête de cette montagne, mais aucun n'en est jamais revenu

Quand on veut donner à une phrase un ton emphatique, on peut employer la construction **not one** :

not one (of them) was able to tell me the answer!
pas un (d'entre eux) n'a été capable de me répondre

iii) **None** : singulier ou pluriel ?

Le sens littéral de **none** étant **no one** (pas un), on trouve souvent logique de le faire suivre par un verbe au singulier, comme :

none of them has seen it before
aucun d'entre eux ne l'a déjà vu

Cependant, un verbe au pluriel est d'un emploi tout à fait courant en anglais parlé (et écrit) d'aujourd'hui :

none of them have seen it before

iv) **None** est un adverbe :

Il est utilisé devant **the** + un comparatif (comparez avec **any** en a) vii ci-dessus) :

none the less (= nevertheless) néanmoins

you can scratch a CD and it is none the worse for it
même si vous rayez un CD, vous pouvez quand même l'écouter

he took the medicine but is feeling none the better
il a pris les médicaments, mais il ne se sent pas mieux pour autant

after his explanation we were all none the wiser
malgré ses explications, nous n'étions pas plus avancés

c) *every et each*

i) **Each** peut être un pronom ou un adjectif ; **every** est toujours un adjectif. Ils font référence tous les deux à des noms dénombrables uniquement :

each (of them) was given a candle
on a donné une bougie à chacun (d'eux)

each (child) was given a candle
on a donné une bougie à chacun (chaque enfant)

every child needs a good education
tous les enfants doivent recevoir une bonne éducation

Every et **each** sont différents car **every** sous-entend la totalité (il n'y a pas d'exception) alors que **each** individualise. Dans les deux premiers exemples, **each** implique 'l'un après l'autre'. C'est pourquoi **each** fait souvent référence à un plus petit nombre qu'**every**, qui est plus général, comme on le voit dans le dernier exemple.

Remarquez que **every** peut être précédé d'une forme au génitif (nom ou pronom) :

Wendy's every move was commented on
on commenta chacun des faits et gestes de Wendy

her every move was commented on
on commenta chacun de ses faits et gestes

et notez son emploi avec les nombres :

she goes to the dentist every three months
elle va chez le dentiste tous les trois mois

every other day there's something wrong
un jour sur deux, il y a quelque chose qui ne va pas

the clock seems to stop every two days
l'horloge semble s'arrêter tous les deux jours

La différence entre **every other** et **every two** est que **every other** sous-entend une irritation devant le fait que quelque chose est répétitif tandis que **every two** est plus objectif et précis.

Remarquez aussi son emploi adverbial :

every now and then
every now and again
every so often

qui veulent tous dire 'de temps en temps'.

Everybody/everyone et **everything** sont des pronoms, et ils sont toujours suivis d'un verbe au singulier mais, comme les autres pronoms indéfinis, **everybody** peut être suivi de **they**, **them(selves)** ou **their** (voir **Les Pronoms Personnels**, p. 87).

d) *all*

i) **All** est un adjectif ou un pronom et renvoie à des noms dénombrables ou indénombrables. Remarquez que lorsqu'un article défini ou un pronom personnel est utilisé, il se place entre **all** et le nom :

all coins are valuable to me
toutes les pièces ont de la valeur pour moi

I want all the/those/their coins
je veux toutes les/ces/leurs pièces

all his energy was spent
il a dépensé toute son énergie

I want them all/all of them   **I want it all/all of it**
je les veux tous   je le veux en entier

ii) **all** et **everything** :

La différence entre ces deux mots est souvent assez légère. **All** sera employé si le locuteur évoque quelque chose qui n'est pas précis. Seul **all** peut renvoyer à des noms indénombrables.

we ate everything that was on the table
nous avons mangé tout ce qui était sur la table

all that was on the table was a single vase
tout ce qu'il y avait sur la table était un vase

did you eat the ice-cream? – not all (of it)
as-tu mangé la glace ? – pas tout

they believed everything/all he said
ils croyaient tout ce qu'il disait

did he say anything? – all that he said was 'do nothing'
a-t-il dit quelque chose ? – il n'a dit que 'ne faites rien'

iii) **all** et **whole** :

La différence principale entre **all** et l'adjectif **whole** réside dans le fait que **whole** accentue parfois un aspect précis de ce que l'on exprime :

don't interrupt me all the time
ne m'interromps pas tout le temps

he sat there the whole time without moving
il est resté là pendant tout le temps sans bouger

he ate all of the pie   **he ate the whole pie**
il a mangé tout le gâteau   il a mangé le gâteau en entier

Mais l'emploi de **whole** est limité aux noms dénombrables :

the whole town (ou **all the town**)
toute la ville

mais seulement :

all the butter (indénombrable)
tout le beurre

Remarquez que **whole** ne s'emploie pas avec un nom au pluriel. On emploie alors, par exemple :

all the books in their entirety
tous les livres en entier

iv) **all** adverbe :

L'emploi adverbial de **all** est clair dans les exemples ci-dessous, où **all** signifie **completely** (complètement) :

he was all covered in mud
il était complètement couvert de boue

it's all over
c'est fini

should we teach her a lesson? – I'm all in favour (of that)
on devrait lui donner une leçon ? – je suis tout à fait d'accord (avec ça)

Voici d'autres exemples de l'adverbe **all** :

I've told you all along not to eat the cat's food
je t'ai toujours dit de ne pas manger la nourriture du chat

he was covered in mud all over
il était couvert de boue de la tête aux pieds

Devant des comparatifs :

I've stopped smoking and feel all the better for it
j'ai arrêté de fumer et je m'en sens tellement mieux

your remark is all the more regrettable since the Principal was present
votre remarque est d'autant plus regrettable que le Proviseur était présent

e) *other(s)* et *another*

i) **Another** est suivi de, ou remplace, un nom singulier dénombrable. Un nom pluriel peut suivre **other** uniquement, tandis que **others** est toujours un pronom :

I want another (hamburger)
j'en veux un autre/je veux un autre hamburger

other children get more money
les autres enfants ont plus d'argent

I like these colours – don't you like the others?
j'aime ces couleurs – tu n'aimes pas les autres ?

ii) Si **than** suit un nom, **other** suivra, et ne précédera pas, ce nom :

there are difficulties other than those mentioned by the government
il y a d'autres difficultés que celles qui sont mentionnées par le gouvernement

Dans cette phrase, **other** pourrait aussi précéder **difficulties**, mais il est toujours placé après **none** :

who should arrive? none other than Jimbo himself
et qui est arrivé ? Jimbo en personne

iii) Parfois **no other** est utilisé à la place de **not another** :

he always wears that coat; he has no other (coat)
il porte toujours ce manteau ; il n'en a pas d'autre

iv) Remarquez la construction avec **some** et ses combinaisons, quand **some** veut dire 'un(e) certain(e) ...' (comparez avec a) v ci-dessus). On ajoute **or other** pour intensifier l'aspect vague de la chose dont on parle :

somebody or other must have betrayed her
quelqu'un a dû la trahir

we'll get there somehow or other (emploi adverbial)
on y arrivera d'une manière ou d'une autre

he married some girl or other from the Bahamas
il s'est marié avec une fille des Bahamas

v) Avec **one** :

One ... another et **one ... the other** ont habituellement la même signification :

one week after another went by
one week after the other went by
les semaines sont passées les unes après les autres

Mais si le locuteur ne fait référence qu'à deux choses, alors **one ... the other** est préféré :

the two brothers worked well together: one would sweep the yard while the other chopped the wood
les deux frères travaillaient bien ensemble : l'un balayait la cour pendant que l'autre coupait le bois

cependant, si le second élément est précédé d'une préposition, **one ... another** est aussi employé dans ce cas :

they would sit there and repeat, one after another, every single word of the lesson
ils s'asseyaient là et répétaient, l'un après l'autre, chaque mot de la leçon

On trouve parfois la combinaison **the one ... the other**, qui aurait pu être employée dans l'exemple des deux frères ci-dessus. Dans la locution utilisant **hand**, **the one** est obligatoire :

on the one hand, you'd earn less, on the other your job satisfaction would be greater
d'un côté tu gagnerais moins d'argent, mais d'un autre côté, tu aurais une plus grande satisfaction professionnelle

f) *either* et *neither*

i) **Either** a souvent le sens de 'l'un ou l'autre' en parlant de deux choses (on utilisera **any** s'il y en a plus de deux). Il peut être adjectif ou pronom :

'bike' or 'bicycle': either (word) will do
'vélo' ou 'bicyclette' : l'un ou l'autre ira

either parent can look after the children
l'un ou l'autre des parents peut s'occuper des enfants

Either peut aussi vouloir dire 'chaque' ou 'les deux', et dans ce cas, c'est un adjectif :

he was sitting in a taxi with a girl on either side
il était assis dans un taxi, une fille de chaque côté

ii) **Neither** est la forme négative de **either** :

he's in love with both Tracy and Cheryl, but neither of them fancies him
il est amoureux de Tracy et de Cheryl, mais il ne plaît à aucune des deux

neither kidney is functioning properly
aucun des reins ne fonctionne correctement

iii) **Either** et **neither** prennent souvent un verbe au pluriel, s'ils sont suivis de **of** et d'un nom au pluriel :

(n)either of the boys are likely to have done it

bien qu'on emploie un verbe au singulier dans un langage soutenu :

neither of the boys is likely to have done it
il est peu probable que l'un des deux garçons l'ait fait

either of the boys is likely to have done it
il est probable que l'un des deux garçons l'ait fait

iv) **(N)either** adverbe :

L'adverbe **either** n'est utilisé que dans des propositions négatives. Il correspond à **too** dans les propositions affirmatives :

I can't do it either
je ne peux pas le faire non plus (comparez avec **I can do it too**)

L'adverbe **neither** (= **nor**) est utilisé dans une proposition **qui suit** une proposition négative :

I can't swim and neither can she
je ne sais pas nager, et elle non plus

I can't swim – neither can I
je ne sais pas nager – moi non plus

ou dans un style familier :

I can't swim – me neither
je ne sais pas nager – moi non plus

Voir aussi **Les Conjonctions**, p. 224.

g) *Both*

Both fait référence à deux choses ou à deux personnes, mais dans le sens de 'l'un et l'autre'. Comme pour **all**, l'article défini ou le pronom personnel (éventuel) suit **both**, qui peut être un pronom ou un adjectif :

I like both (those/of those) jackets
j'aime ces deux vestes ; j'aime l'une et l'autre de ces vestes

I love both my parents
j'aime mon père et ma mère

I love both (of them)/them both
je les aime tous les deux

both (the/of the) versions are correct
les deux versions sont correctes

h) *One*

i) Ce pronom est employé dans le sens de 'une seule chose/ personne' en référence à ce qui a été évoqué dans une phrase ou une proposition précédente :

do you like dogs? I bet you haven't ever owned one
vous aimez les chiens ? je suis sûr que vous n'en avez jamais eu

we've a lot of Elvis records – we have only one
nous avons beaucoup de disques d'Elvis – nous n'en avons qu'un

his case is a sad one
son cas est triste

this solution is one of considerable ingenuity
c'est une solution remarquablement ingénieuse

Il peut aussi être employé au pluriel (**ones**) :

I like silk blouses, especially black ones
j'aime bien les chemisiers de soie, surtout ceux qui sont noirs

ii) L'emploi restrictif :

which girl do you prefer? – the tall one
quelle fille préfèrez-vous ? – la grande

I prefer the pen you gave me to the one my aunt gave me
je préfère le stylo que vous m'avez donné à celui que ma tante m'a donné

these are the ones I meant
ce sont celles dont je parlais

these burgers are better than the ones you make
ces hamburgers sont meilleurs que ceux que tu fais

iii) **One(s)** est habituellement employé après des adjectifs qui font
référence à des noms dénombrables :

I asked for a large whisky and he gave me a small one
je lui ai demandé un grand whisky, et il m'en a donné un petit

which shoes do you want? the grey ones?
quelles chaussures voulez-vous ? les grises ?

Cependant, si deux adjectifs en contraste sont placés près l'un
de l'autre, on peut parfois se dispenser d'utiliser **one(s)** :

I like all women, both (the) tall and (the) short
j'aime toutes les femmes, les grandes et les petites

she stood by him in good times and bad
elle fut à ses côtés pour le meilleur et pour le pire

**today I wish to talk about two kinds of climate, the
temperate and the tropical**
aujourd'hui je vais vous parler de deux sortes de climats, le
climat tempéré et le climat tropical

Si aucun nom n'a été mentionné ou évoqué, l'adjectif fonctionne
comme un nom, et **one(s)** n'est pas employé :

the survival of the fittest   **fortune favours the brave**
la persistance du plus apte   la chance sourit aux braves

Il est évident que **one** ne peut pas référer à un nom
indénombrable :

do you want white sugar or brown?
voulez-vous du sucre blanc ou du roux ?

iv) **One** est parfois employé dans un sens proche de 'quelqu'un' ou
'une personne', comme dans :

she screamed her head off like one possessed
elle hurlait comme une (femme) possédée

I'm not one for big parties
je ne suis pas quelqu'un qui aime les grandes soirées

I'm not one to complain
je ne suis pas du genre à me plaindre

v) **One** collectif, voir p. 94.

13 Les Verbes

A LES DIFFERENTS TYPES

On peut distinguer trois types de verbes : les verbes réguliers, les verbes irréguliers et les auxiliaires.

1 Les verbes réguliers

Ces verbes forment leur prétérit et leur participe passé en ajoutant **-(e)d** au radical du verbe :

		Prétérit	*Participe Passé*
seem	(sembler)	**seemed**	**seemed** /d/
kiss	(embrasser)	**kissed**	**kissed** /t/
plant	(planter)	**planted**	**planted** /ɪd/
manage	(diriger)	**managed**	**managed** /d/

Voir p A74 pour les changements d'orthographe.

2 Les verbes irréguliers

Les verbes irréguliers se caractérisent par leurs formes particulières au prétérit et au participe passé, qui font apparaître parfois un changement de voyelle :

(parler)	**speak, spoke, spoken**
(voir)	**see, saw, seen**
(aller)	**go, went, gone**
(gâter)	**spoil, spoilt, spoilt**
(couper)	**cut, cut, cut**

Vous trouverez une liste des verbes irréguliers p. 202.

3 Les auxiliaires

Un auxiliaire modifie le verbe principal dans la phrase. Dans **he can sing** (il sait chanter) l'auxiliaire est **can** et le verbe principal est **sing**. On fait la distinction entre les auxiliaires 'ordinaires' et les auxiliaires modaux (ou défectifs).

a) *Les auxiliaires ordinaires*

Ce sont : **be** (être), **have** (avoir) et **do** (faire).

Voir aussi sections 9, 17 et 23.

On les appelle 'ordinaires' parce qu'ils peuvent parfois avoir fonction de verbe ordinaire :

he does not sing (**does** = auxiliaire, **sing** = verbe principal) il ne chante pas

he does the washing up (**does** = verbe principal) il fait la vaisselle

b) Les **auxiliaires modaux** sont appelés ainsi car ils remplacent le mode du subjonctif dans de nombreux cas (voir p. 171). En voici la liste :

can - could	pouvoir (capacité)
may - might	pouvoir (possibilité - permission)
shall - should	futur - devoir (moral), conseil, etc.
will - would	futur - conditionnel, ordre, etc.
must	devoir (obligation)
ought to	devoir (moral)

Lorsqu'ils ne sont pas accompagnés d'un verbe ordinaire, ce dernier est sous-entendu :

can you get some time off? – yes, I can
est-ce que tu peux te libérer ? – oui

Vous trouverez l'emploi des auxiliaires p. 184.

B LES FORMES

1 L'infinitif

On distingue l'infinitif complet (avec **to** : **to be**) et l'infinitif sans **to** :

he can sing   **he is trying to sing**
il sait chanter   il essaie de chanter

Dans ces deux phrases le mot **sing** est à l'infinitif. Pour l'infinitif passé et la voix passive, voir p. 131.

2 Le participe présent

Il se forme à partir du radical + **-ing** :

they were whispering   ils murmuraient

Voir **Notes sur l'Orthographe** p. 244.

3 Le participe passé

Le participe passé des verbes réguliers est identique à leur prétérit (radical du verbe + **-ed**) :

they have gone
ils/elles sont parti(e)s

Les verbes irréguliers ont un grand nombre de formes différentes au participe passé. Voir A2 ci-dessus, ainsi que la liste des verbes irréguliers p. 202.

4 Le gérondif

Le gérondif a la même forme que le participe présent :

I don't like picking strawberries
je n'aime pas cueillir les fraises

sailing is a very popular sport in Greece
la voile est un sport très populaire en Grèce

5 Le présent

Il se construit avec le radical + **-(e)s** à la 3ème personne du singulier (pour les changements d'orthographe, voir p. 243) :

		Singulier		
1ère		*I*	**sing**	je chante
2ème		*you*	**sing**	tu chantes
3ème		*he/she/it*	**sings**	il/elle chante

		Pluriel		
1ère		*we*	**sing**	nous chantons
2ème		*you*	**sing**	vous chantez
3ème		*they*	**sing**	ils/elles chantent

Les auxiliaires modaux ne changent pas de forme à la troisième personne du singulier. Il en est de même pour les verbes **dare** et **need** lorsqu'ils sont employés comme auxiliaires :

he may come
il se peut qu'il vienne

how dare he come here!
comment ose-t-il venir ici ?!

Les auxiliaires ordinaires ont des formes irrégulières, voir la liste p. 209.

6 Le prétérit

Le prétérit des verbes réguliers est identique à leur participe passé (radical du verbe + **-ed**) :

they kicked the ball
ils ont donné un coup de pied dans le ballon

Pour les verbes irréguliers et les auxiliaires, voir A2 et 3 ci-dessus, ainsi que la liste des verbes irréguliers et des auxiliaires de la page 202 à la page 210. La forme du verbe est la même à toutes les personnes :

		Régulier (embrasser)	*Irrégulier* (chanter)	*Auxiliaire* (pouvoir)
	Singulier			
1ère	*I*	**kissed**	**sang**	**could**
2ème	*you*	**kissed**	**sang**	**could**
3ème	*he/she/it*	**kissed**	**sang**	**could**
	Pluriel			
1ère	*we*	**kissed**	**sang**	**could**
2ème	*you*	**kissed**	**sang**	**could**
3ème	*they*	**kissed**	**sang**	**could**

7 Les temps et les aspects

L'infinitif, le présent et le passé peuvent avoir différents aspects, considérant un événement dans le temps de trois manières différentes.

Dans la liste ci-dessous les traductions sont données A TITRE INDICATIF.

Simple, progressif et perfect (ou passé) :

infinitif	**(to) watch** (regarder)
infinitif progressif	**(to) be watching** (être en train de regarder) (**be** + participe présent)
infinitif passé	**(to) have watched** (avoir regardé) (**have** + participe passé)
infinitif passé progressif	**(to) have been watching** (avoir été en train de regarder)

présent simple	**(I/you/he,** etc.**) watch(es)** (je/tu/il, etc.) regarde(s)
passé simple (ou prétérit)	" **watched** (je regardai, etc.)
présent progressif	" **am/are/is watching** (" suis/es/est en train de regarder)
passé progressif	" **was/were watching** (j'étais, etc. en train de regarder)
present perfect	" **have/has watched** (j'ai regardé, etc.)
past perfect	" **had watched** (j'avais regardé, etc.)
present perfect progressif	" **have/has been watching** (j'ai, etc. été en train de regarder)
past perfect progressif	" **had been watching** (j'avais, etc. été en train de regarder)

Pour les formes employées au futur, voir p. 162.

8 Les modes

Les modes font référence à l'attitude d'une personne par rapport aux propos qu'elle rapporte. Il existe trois modes :

'l'indicatif' pour exprimer des faits réels

le 'subjonctif' pour exprimer un souhait, une incertitude ou une possibilité, etc.

'l'impératif' pour exprimer des ordres et des suggestions.

La seule différence de forme entre l'indicatif et le subjonctif réside dans la présence de **-(e)s** à la 3ème personne du singulier au présent de l'indicatif :

God save the Queen!
Vive la reine !

Le subjonctif de **to be** est **be** à toutes les personnes du présent et **were** à toutes les personnes du passé :

be they for or against, they all have to pay
qu'ils soient pour ou qu'ils soient contre, ils doivent tous payer

if I were you, I'd leave him
si j'étais toi, je le quitterais

Pour le mode impératif on emploie le radical du verbe seul :

ring the bell!   **somebody go and get it!**
sonne (la cloche) !   que quelqu'un aille le chercher !

9 Les voix

Les deux 'voix' sont la voix active et la voix passive. Elles
indiquent si c'est le sujet d'un verbe qui fait l'action de ce verbe :

we always listen to him
nous l'écoutons toujours (voix active)

ou si le sujet subit l'action :

he was always listened to
il a toujours été écouté (voix passive)

Le passif se forme avec le verbe **be** + participe passé :

infinitif	**(to) be watched** (être regardé)
infinitif passé	**(to) have been watched** (avoir été regardé)
présent simple	**are/is watched** (es/est, etc. regardé)
passé simple (ou prétérit)	**was/were watched** (j'étais, etc. regardé)
présent progressif	**am/are/is being watched** (suis/es/est, etc. en train d'être regardé)
passé progressif	**was/were being watched** (j'étais, etc. en train d'être regardé)
present perfect	**have/has been watched** (a/ont, etc. été regardé)
past perfect	**had been watched** (j'avais, etc. été regardé)
present perfect progressif	**have/has been being watched** (j'ai, etc. été en train d'être regardé)
past perfect progressif	**had been being watched** (j'avais, etc. été en train d'être regardé)

Le passif de l'infinitif progressif (par exemple **to be being driven**) est assez inhabituel en anglais (bien que parfaitement possible) :

I wouldn't like to be being filmed looking like this
je ne voudrais pas être filmé dans cet état

Il en est de même pour le passif du present perfect progressif :

he may have been being operated on by then
il était peut-être en train de se faire opérer à ce moment-là

C EMPLOIS

1 L'infinitif

a) *Sans* **to**

i) après les auxiliaires modaux et après **do** :

I must go	il faut que je m'en aille
I don't know	je ne sais pas

ii) après **dare** et **need** lorsqu'ils sont employés comme auxiliaires :

how dare you talk to me like that!
comment oses-tu me parler ainsi !

you needn't talk to me like that
tu n'as pas besoin de me parler comme ça

iii) après **had better** et **had best** (aussi **would best** en anglais américain) :

you had better apologize
tu ferais mieux de t'excuser

you had (you'd) best ask the porter
tu ferais mieux de demander au portier

iv) avec ce que l'on appelle la construction 'accusatif avec infinitif' (nom/pronom + infinitif ayant fonction de complément d'objet direct). Comparez avec b)ii ci-dessous :

★ après **let** (laisser), **make** (faire) et **have** (faire *dans ce cas*) (voir aussi p. 182) :

we let him smoke	**I made him turn round**
nous l'avons laissé fumer	je l'ai fait tourner

we had him say a few words
nous lui avons fait dire quelques mots

★ après les verbes de perception suivants :

feel (sentir), **hear** (entendre), **see** (voir), **watch** (regarder) :

I felt the woman touch my back
j'ai senti la femme me toucher le dos

we heard her tell the porter   **they saw him die**
on l'a entendu le dire au portier   ils l'ont vu mourir

we watched the train approach the platform
on a regardé le train s'approcher du quai

Pour **feel** (sembler à quelqu'un), voir b) ii) ci-dessous.

Ces verbes peuvent aussi être suivis du participe présent pour mettre l'accent sur la durée de l'action :

I felt her creeping up behind me
je sentais qu'elle s'approchait de moi à pas de loup

we heard her crying bitterly in the next room
nous l'avons entendue pleurer amèrement dans l'autre pièce

she saw smoke coming from the house
elle a vu de la fumée venir de la maison

they watched him slowly dying
ils l'ont vu mourir petit à petit

★ on peut trouver deux formes de l'infinitif après **help** :

we helped him (to) move house
nous l'avons aidé à déménager

L'infinitif sans **to** est aussi particulièrement employé dans le langage publicitaire :

our soap helps keep your skin supple and healthy-looking
notre savon aide à garder votre peau souple et vous donnera bonne mine

Pour les constructions passives correspondantes employées avec ces verbes, voir b) ii ci-dessous.

v) après **why (not)** (pourquoi (pas)) :

why stay indoors in this lovely weather?
pourquoi rester à l'intérieur par ce beau temps ?

why not try our cream cakes?
pourquoi ne pas essayer nos gâteaux à la crème ?

b) *Avec to*

i) L'infinitif avec **to** peut s'employer comme sujet, comme attribut ou comme complément d'objet direct dans une phrase. La phrase suivante contient les trois emplois (dans cet ordre) :

to die is to cease to exist
mourir est cesser d'exister

ii) Comme complément d'objet direct, comparez a) iv) ci-dessus.

★ Après des verbes exprimant un désir ou une antipathie, en particulier **want** (vouloir), **wish** (souhaiter), **like** (aimer), **prefer** (préférer), **hate** (ne pas aimer/haïr) :

I want/wish you to remember this
je veux/souhaite que tu te souviennes de cela

John would like you to leave
John aimerait que vous partiez

we prefer your cousin to stay here
nous préférons que votre cousin reste ici

we would hate our cat to suffer
nous n'aimerions pas que notre chat souffre

★ Dans un langage assez soutenu, après des verbes exprimant des points de vue, des croyances, un jugement, une supposition ou une affirmation :

we believe this to be a mistake
nous croyons que c'est une erreur

we supposed him to be dead
nous supposions qu'il était mort

we considered/judged it to be of little use
nous considérions/jugions cela peu utile

I felt/knew it to be true
j'avais l'impression/je savais que c'était vrai

these accusations he maintained to be false
il soutenait que ces accusations étaient fausses

Un langage moins soutenu préférerait une proposition introduite par **that** :

we believe (that) this is a mistake   **I know (that) it's true**
nous croyons que c'est une erreur   je sais que c'est vrai

he maintained that these accusations were false
il a soutenu que ces accusations étaient fausses

★ Dans la construction passive correspondante, on garde **to** :

this was believed to be a mistake
on pensait que c'était une erreur

★ Remarquez l'expression courante **be said to**, pour laquelle il
n'existe pas d'équivalent à la voix active en anglais :

it is said to be true   **he's said to be rich**
il paraît que c'est vrai   il paraît qu'il est riche

★ La forme **to** + infinitif doit aussi être employée dans des
constructions passives avec les verbes mentionnés dans a) iv) ci-
dessus :

she was made to do it
on l'a forcée à le faire

he was seen to remove both jacket and tie
on l'a vu enlever sa veste et sa cravate

iii) Employé à la suite de noms, de pronoms et d'adjectifs :

she has always had a tendency to become hysterical
elle a toujours eu tendance à avoir des crises d'hystérie

we shall remember this in years to come
on se rappellera de cela pendant des années

there are things to be done
il y a des choses à faire

there is that to take into consideration
il y a ça à prendre en considération

glad to meet you!
heureux de faire votre connaissance !

we were afraid to ask   **this game is easy to**
nous avions peur de demander   **understand**
ce jeu est facile à comprendre

De telles constructions sont particulièrement courantes après des
superlatifs et après **only** :

this is the latest book to appear on the subject
c'est le livre le plus récent qui soit paru sur ce sujet

she's the only person to have got near him
elle est la seule personne à avoir pu l'approcher

iv) Correspondant à une proposition subordonnée :

★ Exprimant un but ou une conséquence (parfois accompagné de **in order** ou **so as** (but) ou **only** (conséquence) pour souligner ses propos) :

he left early (in order/so as) to get a good seat for the performance
il est parti tôt afin d'/pour avoir une bonne place au spectacle

they arrived (only) to find an empty house   **try to be there**
à leur arrivée, la maison était vide   essaie d'être là

Remarquez qu'en anglais parlé, on peut remplacer **to** après **try** par **and** :

try and be there

★ Dans des propositions interrogatives indirectes :

tell me what to do   **I didn't know where to look**
dis-moi quoi faire   je ne savais pas où regarder

we didn't know who to ask
nous ne savions pas à qui demander

we weren't sure whether to tell him or not
nous ne savions pas si nous devions le lui dire ou non

★ Pour exprimer le temps ou la circonstance :

I shudder to think of it
j'en tremble (rien que) d'y penser

to hear him speak, one would think he positively hates women
à l'entendre parler, on dirait vraiment qu'il déteste les femmes

v) Equivalent d'une principale, dans des exclamations exprimant la surprise :

to think she married him!
dire qu'elle l'a épousé !

vi) Dans des phrases elliptiques exprimant des événements à venir. On les trouve particulièrement dans le langage journalistique :

MAGGIE TO MAKE GREEN SPEECH
MAGGIE FERA UN DISCOURS VERT

GORBACHEV TO VISIT DISASTER ZONE
GORBACHEV VISITERA LA ZONE SINISTREE

vii) On peut aussi trouver l'infinitif avec césure, où un adverbe est placé entre **to** et le radical du verbe. Cette forme est devenue très courante, mais peu appréciée de beaucoup, qui soutiennent qu'il ne faut jamais séparer **to** de l'infinitif :

nobody will ever be able to fully comprehend his philosophy
personne ne sera jamais capable de comprendre complètement sa philosophie

Cela peut cependant être la place que l'on choisirait instinctivement pour un adverbe :

the way out of this is to really try and persuade him
le moyen de s'en sortir, c'est de vraiment essayer de le persuader

Ici **really** signifie 'beaucoup' et il modifie **try**, tandis que dans la phrase suivante, **really** signifie 'en fait', et modifie ainsi toute la phrase :

the way out of this is really to try and persuade him
le moyen de s'en sortir, c'est en fait d'essayer de le persuader

viii) On emploie souvent **to** sans le radical du verbe dans une répétition, plutôt que l'infinitif complet :

why haven't you tidied your room? I told you to
pourquoi n'as-tu pas rangé ta chambre ? je t'ai dit de le faire

I did it because she encouraged me to
je l'ai fait parce qu'elle m'y a encouragé

ix) **For** + nom/pronom et l'infinitif avec **to** :

there has always been a tendency for our language to absorb foreign words
notre langue a toujours eu tendance à absorber des mots étrangers

he waited for her to finish
il attendit qu'elle ait fini

La construction idiomatique qui suit exprime souvent une condition ou un but :

for the university to function properly, more money is needed
afin que l'université fonctionne bien, il faut plus d'argent

ou elle peut exprimer une circonstance et même être le sujet de la phrase :

for me to say nothing would be admitting defeat
ne rien dire serait admettre ma défaite

for a man to get custody of his children used to be difficult
c'était difficile à l'époque pour un homme d'obtenir la garde
de ses enfants

2 Le gérondif

Le gérondif (ou le verbe substantivé) possède des caractéristiques
propres aux noms et aux verbes.

a) *Caractéristiques nominales*

i) Un gérondif peut être sujet, attribut ou complément d'objet :

skating is difficult (sujet)
le patin à glace, c'est difficile

that's cheating (attribut)
c'est de la triche

I hate fishing (complément)
je déteste pêcher

Comme on l'a vu, ce sont des fonctions qui sont communes à
l'infinitif ; pour les différences d'emploi, voir 4 ci-dessous.

ii) Il peut être placé après une préposition :

he's thought of leaving
il a pensé partir

L'infinitif ne peut pas occuper cette place.

iii) Il peut être modifié par un article, par un adjectif ou par un
possessif, ou par une proposition commençant par **of** :

he has always recommended the reading of good literature
il a toujours encouragé la lecture des bons auteurs

there was a knock on the door
on frappa à la porte

careless writing leaves a bad impression
une écriture peu soignée donne une mauvaise impression

the soprano's singing left us unmoved
le chant du soprano nous a laissé totalement froid

there was no end to his trying to be difficult
il prenait un malin plaisir à créer des problèmes

the timing of his remarks was unfortunate
il a mal choisi son moment pour faire des remarques

b) *Caractéristiques verbales*

i) Un gérondif peut être suivi d'un complément d'objet ou d'un attribut :

hitting the dog was unavoidable
il était inévitable de rentrer dans le chien

becoming an expert took him more than twenty years
il lui a fallu plus de vingt ans pour devenir expert en la matière

ii) Il peut être modifié par un adverbe :

she was afraid of totally disillusioning him
elle avait peur de lui enlever toute illusion

iii) Il peut avoir un sujet :

the idea of John going to see her is absurd
l'idée que John aille/soit allé la voir est absurde

3 Le possessif et le gérondif

Il existe souvent une incertitude concernant la présence ou l'absence d'un adjectif possessif :

do you remember him/his trying to persuade her?
tu te souviens qu'il a essayé de la persuader ?

Les deux formes sont correctes. Mais cela ne signifie pas qu'il n'existe pas parfois des différences d'emploi entre les deux. Il faut noter les exemples suivants :

a) *Le gérondif sujet ou attribut*

Dans ce cas, l'emploi du possessif est normal :

your trying to persuade me will get you nowhere
tes tentatives de me persuader ne te mèneront nulle part

it was John's insisting we went there that saved the situation
c'est grâce à l'insistance de John qui voulait que nous y allions que la situation fut sauvée

b) *Le gérondif complément ou placé après une préposition*

Dans ces cas, les deux emplois sont possibles :

they spoke at great length about him/his being elected president
ils parlèrent longtemps de son élection comme président

you don't mind me/my turning up so late, do you?
ça ne te dérange pas que j'arrive si tard, n'est-ce pas ?

they spoke at great length about Richard/Richard's being elected president
ils parlèrent longtemps de l'élection de Richard comme président

Mais il y a des cas où l'emploi du possessif présenterait un problème de style dans un langage parlé ou familier :

they laughed their heads off at him falling into the river
ils riaient à n'en plus pouvoir parce qu'il était tombé dans la rivière

L'emploi de l'adjectif possessif **his** serait ici d'un langage trop soutenu dans cet exemple.

Dans ces constructions, le gérondif ne doit pas être confondu avec le participe présent. La phrase :

I hate people trying to get in without paying
je déteste les gens qui essaient d'entrer sans payer

est ambiguë. Si **trying** est un gérondif, le sens de la phrase est : **I hate the fact that (some) people try to get in without paying** (je déteste le fait que certaines personnes essaient d'entrer sans payer). Si c'est un participe présent, le sens devient : **I hate people who try to get in without paying** (je déteste les gens qui essaient d'entrer sans payer).

Mais la forme en **-ing** est, bien sûr, très clairement un gérondif dans une phrase comme :

I hate their trying to get in without paying
je déteste qu'ils essaient d'entrer sans payer

On a plus tendance à employer le possessif devant le gérondif en anglais américain qu'en anglais britannique.

c) *Le facteur d'emphase*

Si le sujet du gérondif est particulièrement accentué, le possessif a moins de chance d'être employé :

just to think of HER marrying John!
que ce soit elle qui épouse John, je n'arrive pas à le croire !

4 Comparaison entre le gérondif et l'infinitif

a) *Peu ou pas de différence*

On a vu que l'infinitif et le gérondif ont des caractéristiques nominales du fait que l'un et l'autre peuvent fonctionner comme sujet, complément d'objet ou attribut. Il y a souvent peu ou pas de différence de sens entre eux :

we can't bear seeing you like this
we can't bear to see you like this
nous ne pouvons pas supporter de vous voir comme ça

bien que dans les dictons ou les citations, les expressions soient 'figées', comme dans les exemples suivants :

seeing is believing
voir, c'est croire

to err is human, to forgive divine
l'erreur est humaine, le pardon est divin

b) *Différents sens*

i) Le général contre le particulier : le gérondif indique souvent un fait général, l'infinitif indique un fait plus particulier :

I hate refusing offers like that (général)
je déteste refuser des offres comme ça

I hate to refuse an offer like that (particulier)
je déteste refuser une offre comme celle-ci

Mais il existe des exceptions :

I prefer being called by my Christian name
I prefer to be called by my Christian name
je préfère être appelé par mon prénom

En anglais américain, l'infinitif est souvent utilisé dans des cas où en anglais britannique on emploierait un gérondif :

I like cooking (anglais britannique)
I like to cook (anglais américain)
j'aime faire la cuisine

Ces deux exemples font référence à un penchant général. Si on voulait faire référence à une occasion particulière, on dirait en anglais britannique et en anglais américain :

I'd like to cook something for you
je voudrais vous préparer un repas

ii) Si le verbe **try** signifie 'tenter, essayer', on peut employer l'infinitif ou le gérondif :

I once tried to make a film, but I couldn't
I once tried making a film, but I couldn't
j'ai essayé de faire un film une fois, mais je n'ai pas réussi

try to speak more slowly
try speaking more slowly
essaie de parler plus lentement

Mais si **try** est employé avec le sens de 'connaître par l'expérience', alors seul le gérondif est employé :

I've never tried eating shark
je n'ai jamais mangé du requin

Comparez avec ceci :

I once tried to eat shark, but couldn't
j'ai essayé de manger du requin une fois, mais je n'ai pas pu

iii) Après **forget** (oublier) et **remember** (se souvenir) l'infinitif fait référence au futur, le gérondif au passé, en relation avec 'l'oubli' ou 'le souvenir' :

I won't forget to dance with her (dans le futur)
je n'oublierai pas de danser avec elle

I won't forget dancing with her (dans le passé)
je n'oublierai pas que j'ai dansé avec elle

will she remember to meet me? (dans le futur)
se souviendra-t-elle de son rendez-vous avec moi ?

will she remember meeting me? (dans le passé)
se souviendra-t-elle d'avoir fait ma connaissance ?

c) *L'infinitif seulement ou le gérondif seulement*

i) L'infinitif seulement :

Certains verbes ne peuvent être suivis que de l'infinitif, par exemple **want** (vouloir), **wish** (souhaiter), **hope** (espérer), **deserve** (mériter) :

I want/wish to leave
je veux/souhaite partir

we hope to be back by five
nous espérons être de retour vers cinq heures

he deserves to be punished
il mérite d'être puni

ii) Le gérondif seulement :

D'autres verbes ne sont suivis que du gérondif, par exemple :
avoid (éviter), **consider** (considérer), **dislike** (ne pas aimer),
enjoy (apprécier), **finish** (finir), **keep** (continuer), **practise**
(faire, pratiquer), **risk** (risquer) :

he avoided answering my questions
il évitait de répondre à mes questions

won't you consider travelling by air?
vous ne voulez pas y aller en avion ?

I dislike dressing up for the theatre
je n'aime pas devoir m'habiller pour aller au théâtre

we enjoy having friends round to dinner
nous aimons recevoir des amis pour le dîner

she finished typing her letter
elle a fini de taper sa lettre

why do you keep reminding me?
pourquoi continues-tu à me le rappeler ?

would you mind stepping this way, Sir?
voulez-vous bien venir par ici, Monsieur ?

you must practise playing the piano more often
tu dois travailler ton piano plus souvent

I don't want to risk upsetting Jennifer
je ne veux pas risquer de contrarier Jennifer

iii) Dans les exemples des deux sections ci-dessus, l'infinitif et le
gérondif sont les compléments d'objet direct des verbes
précédents. Il en est de même pour le gérondif dans la phrase
suivante :

I stopped looking at her
je me suis arrêté de la regarder

Mais l'infinitif n'est pas complément d'objet direct dans :

I stopped to look at her
je me suis arrêté pour la regarder

Ici, l'infinitif fonctionne comme un complément circonstanciel
de but, ce qui explique la différence considérable de sens entre

les deux phrases. La différence est de la même importance
entre :

he was too busy talking to her
il était trop occupé à lui parler

et :

he was too busy to talk to her
il était trop occupé pour lui parler

Il faut noter ici que les adjectifs **worth** et **like** ne peuvent être
suivis que par le gérondif :

that suggestion is worth considering
cette proposition vaut la peine d'être considérée

that's just like wishing for the moon
c'est comme demander la lune

iv) Il est aussi important de faire la distinction entre **to**, marque de
l'infinitif et **to**, préposition. Le gérondif doit suivre une
préposition, comme dans :

I'm tired of watching television
j'en ai assez de regarder la télévision

what do you think about getting a loan?
qu'est-ce que tu dirais de faire un emprunt ?

Ceci, bien sûr, concerne aussi la préposition **to** :

they are committed to implementing the plan
ils se sont engagés à réaliser le projet

we're looking forward to receiving your letter
nous attendons votre lettre avec impatience

I object to raising money for that purpose
je ne trouve pas cela normal que l'on rassemble des fonds pour ça

we're not used to getting up at this hour
nous ne sommes pas habitués à nous lever à cette heure

Be accustomed to est parfois employé avec l'infinitif, bien
qu'on le trouve aussi avec le gérondif :

they've never been accustomed to pay(ing) for anything
ils n'ont jamais eu l'habitude de payer pour quoi que ce soit

5 Le participe présent

Le participe présent fonctionne normalement comme une forme verbale ou comme un adjectif.

a) *Comme une forme verbale*

i) Le participe présent est employé avec **be** pour former le progressif :

he is/was/has been/had been running
il court/courait/a couru/avait couru

ii) Le participe présent fonctionne fréquemment comme une proposition relative sans pronom relatif :

they went up to the people coming from the theatre (= who were coming)
ils allèrent vers les gens qui venaient du théâtre

iii) Cependant, le participe présent peut partager son sujet avec le verbe au présent ou au passé. Dans ce cas, le participe présent est précédé d'une virgule :

she turns/turned towards the man, looking pleasantly surprised
elle se tourne/tourna vers l'homme, l'air agréablement surpris

Ici, le sujet de **looking** est **she** ; mais si on omet la virgule, on comprendra que le sujet de **looking** est **the man**, et la phrase appartient alors au type ii) ci-dessus.

Ce participe présent relativement lâche peut précéder son sujet :

looking pleasantly surprised, she turned towards the man
l'air agréablement surpris, elle se tourna vers l'homme

Il exprime souvent une cause, une condition ou le temps, étant équivalent à une proposition subordonnée :

living alone, she often feels uneasy at night (= because/ since/as she lives alone ...)
vivant seule, elle se sent souvent inquiète le soir

you'd get more out of life, living alone (= ... if you lived alone)
tu profiterais plus de la vie, si tu vivais seule

driving along, I suddenly passed my old school (= as/while I was driving along ...)
j'étais en train de conduire, quand soudain je me suis aperçu que je venais de passer devant mon ancienne école

Mais parfois aussi il est équivalent à une proposition indépendante :

she went up to him, asking for his advice (= ... and (she) asked for his advice)
elle s'approcha, pour lui demander conseil

living in the Scottish Highlands, he is a sensitive musician who helped organize the Bath Orchestra (= he lives in the Highlands and (he) is ...)
vivant dans les Highlands en Ecosse, c'est un musicien sensible qui contribua à l'organisation de l'Orchestre de Bath

iv) Le participe présent 'non-rattaché' :

Un participe présent est considéré comme 'non-rattaché' si son sujet est différent de celui du verbe de la principale au présent ou au passé :

coming down the staircase carrying an umbrella, one of the cats tripped him up
un des chats le fit trébucher, alors qu'il descendait l'escalier, un parapluie à la main

Il est assez peu probable que le sujet de **coming** soit **one of the cats** ! Les participes présents 'non-rattachés' doivent normalement être évités car ils causent souvent un amusement non intentionnel. Cependant, si un sujet indéfini est sous-entendu comme le **we** indéfini ou le 'on' français, alors un participe présent est acceptable :

generally speaking, British cooking leaves a good deal to be desired
d'une manière générale, la cuisine britannique laisse à désirer

judging by the way she dresses, she must have a lot of confidence
à voir sa façon de s'habiller, elle doit avoir une grande confiance en elle

the work will have to be postponed, seeing that only two of us have tools
le travail devra être remis à plus tard, puisque seulement deux d'entre nous ont des outils

v) Dans les autres circonstances, pour éviter un participe présent 'non-rattaché', le sujet du participe (différent du sujet de l'autre verbe) peut le précéder dans ce qu'on appelle la 'construction absolue' :

the lift being out of order, we had to use the stairs
l'ascenseur étant en panne, nous avons dû monter par les escaliers

she being the hostess, any kind of criticism was out of the question
étant donné que c'était elle qui recevait, il était hors de question de faire quelque critique que ce soit

we'll do it on Sunday, weather permitting
nous le ferons dimanche, si le temps le permet

God willing, we can do it
si Dieu le veut, nous pouvons le faire

b) *Comme un adjectif*

she has always been a loving child
elle a toujours été une enfant aimante

her appearance is striking
son allure est frappante

she finds Henry very charming
elle trouve Henry vraiment charmant

De cette fonction dérive la fonction adverbiale :

he is strikingly handsome
il est remarquablement beau

Remarquez que cette structure est bien plus courante en anglais qu'en français :

a self-adjusting mechanism
un mécanisme à auto-réglage

the falling birthrate   **increasing sales**
le taux de natalité en baisse   des ventes en hausse

6 Comparaison du participe présent et du gérondif

a) *La phrase suivante :*

I can't get used to that man avoiding my eyes all the time

est ambiguë, car **avoiding** peut être compris comme un gérondif ou un participe présent.

Si c'est un gérondif, la phrase équivaut à **I can't get used to the fact that that man is avoiding my eyes** (je ne peux pas m'habituer au fait que cet homme fuit mon regard).

Mais si c'est un participe présent, le sens est **I can't get used to that man who is avoiding my eyes** (je ne peux pas m'habituer à cet homme qui fuit mon regard).

Dans la phrase suivante, il ne fait aucun doute que la forme en **-ing** est un gérondif :

children suffering like that is on our conscience (= the suffering of children)
la souffrance de ces enfants pèse sur notre conscience

et il n'y a pas de d'ambiguïté sur le participe présent dans :

children suffering like that are on our conscience
(= children who suffer)
les enfants qui souffrent comme cela pèsent sur notre conscience

b) Quand un gérondif modifie un nom, seul le gérondif est accentué dans le discours, et non pas le nom :

a living room
un salon

mais quand l'élément modificateur est un participe présent, celui-ci et le nom sont accentués de la même manière :

a living animal
un animal vivant

7 Le participe passé

Beaucoup des emplois suivants peuvent être comparés avec ceux du participe présent. Voir 5 ci-dessus.

a) *Comme forme verbale*

i) Le participe passé s'emploie avec **have** pour former le present perfect et le past perfect :

he has/had arrived
il est/était arrivé

et avec **be** pour former la voix passive :

she is/was admired
elle est/était admirée

et avec les deux auxiliaires pour former le passif au present perfect et au past perfect :

she has/had been admired
elle a/avait été admirée

ii) Le participe passé est fréquemment employé pour former une proposition relative elliptique :

they ignore the concerts given by the local orchestra
(= which are given)
ils ne vont pas aux concerts donnés par l'orchestre local

they ignored the concerts given by the local orchestra
(= which were/had been given)
ils ne sont pas allés aux concerts donnés par l'orchestre local

Il peut aussi avoir la fonction d'une subordonnée de cause, de condition ou de temps. Une conjonction (en particulier **si** et **quand**) peut parfois rendre son sens explicite :

watched over by her family, Monica felt safe but unhappy
surveillée par sa famille, Monica se sentait en sécurité, mais malheureuse

(if) treated with care, records should last for years and years
si l'on en prend soin, les disques devraient durer des années et des années

records should last for years and years if treated with care
les disques devraient durer des années et des années si l'on en prend soin

(when) asked why, he refused to answer
quand on lui demanda pourquoi, il refusa de répondre

he refused to answer when asked why
il refusa de répondre lorsqu'on lui demanda pourquoi

Ou il peut avoir valeur de principale :

born in Aberdeen, he now lives in Perth with his wife and children
né à Aberdeen, il habite maintenant à Perth avec sa femme et ses enfants

iii) La phrase est parfois déséquilibrée de manière inacceptable lorsque le participe passé n'est pas rattaché au sujet de la phrase :

told to cancel the meeting, his project was never discussed

On pourrait exprimer ceci de manière plus élégante :

his project was never discussed as he was told to cancel the meeting
son projet ne fut jamais examiné car on lui demanda d'annuler la réunion

iv) La 'construction absolue' (voir 5a) v) ci-dessus) :

the problems solved, they went their separate ways
les problèmes résolus, ils sont partis chacun de leur côté

that done, he left
cela fait, il est parti

b) *Comme adjectif*

I am very tired	**the defeated army retreated**
je suis très fatigué(e)	l'armée vaincue battit en retraite

Remarquez que dans le premier exemple l'adverbe est **very**,
puisqu'il se place devant un adjectif. Si l'adverbe est **much**, c'est
que l'on insiste plus sur le caractère verbal du participe passé :

I am much obliged
je vous suis très obligé(e)

Lorsque **aged** (âgé), **beloved** (bien-aimé), **blessed** (sacré),
cursed (maudit) et **learned** (érudit) sont des adjectifs, on prononce
normalement **-ed** /ɪd/. Mais lorsque ce sont des verbes, on adopte la
prononciation régulière /d/ et /t/ :

he has aged	**an aged man** /ɪd/
il a vieilli	un homme âgé

8   Les questions

a) *Phrases complètes*

i) **Do** s'emploie pour des questions à moins que (a) la phrase ne
contienne un autre auxiliaire (**have**, **will**, etc.), auquel cas
l'auxiliaire précède le sujet, ou que (b) le sujet ne soit un
pronom interrogatif. **Do** est au présent ou au passé, le verbe
conjugué à l'infinitif :

do you come here often?
tu viens souvent ici ?

how do we get to Oxford Street from here?
comment on fait pour aller d'ici à Oxford Street ?

did you see that girl?	**what did you say?**
tu as vu cette fille ?	qu'est-ce que tu as dit ?

mais (quand d'autres auxiliaires sont employés) :

are they trying to speak to us?
est-ce qu'ils essaient de nous parler ?

where are you taking me?
où est-ce que tu m'emmènes ?

have they seen us?   **can you come at eight?**
est-ce qu'ils nous ont vu(e)s ?   tu peux venir à huit heures ?

will you help us?
tu pourras nous aider ?

et quand on a un pronom interrogatif sujet :

who said that?   **what happened?**
qui a dit ça ?   qu'est-ce qui s'est passé ?

what have they said to you?
qu'est-ce qu'ils t'ont dit ?

what shall we eat tonight?
qu'est-ce qu'on va manger ce soir ?

Pour **dare** et **need**, voir p. 195. Pour **have**, voir p. 179.

ii) En anglais parlé, où l'on distingue une proposition interrogative d'une proposition affirmative par l'intonation, on peut employer l'ordre des mots d'une affirmative dans une interrogative (bien que ce soit un emploi moins fréquent en anglais qu'en français) :

you just left him standing there?   **you're coming tonight?**
tu l'as laissé planté là ?   tu viens ce soir ?

Dans des propositions interrogatives indirectes, on emploie normalement l'ordre des mots de la proposition affirmative directe :

when are you leaving? (style direct)
quand est-ce que tu pars ?

et :

he asked her when she was leaving (style indirect)
il lui a demandé quand elle partait

b) *Les question-tags*

Ce sont des phrases courtes qui suivent une phrase affirmative ou négative, et qui normalement ont pour but d'ammener une confirmation.

i) Une proposition affirmative est suivie d'un tag à la forme négative et vice versa :

you can see it, can't you?
tu le vois, n'est-ce pas ?

you can't see it, can you?
est-ce que tu peux le voir ?

à moins que le tag n'exprime une attitude emphatique plutôt qu'une question. Dans de tels cas, un tag à la forme affirmative suit une proposition affirmative :

so you've seen a ghost, have you? (incrédulité ou ironie)
alors, tu as vu un fantôme, c'est ça ?

you think that's fair, do you? (ressentiment)
tu crois que c'est juste, hein ?

you've bought a new car, have you? (surprise ou intérêt)
alors, tu as acheté une nouvelle voiture ?

Remarquez que le question-tag reprend le temps employé dans la principale :

you want to meet him, don't you?
tu veux le rencontrer, n'est-ce pas ?

you wanted to meet him, didn't you?
tu voulais le rencontrer, n'est-ce pas ?

you'll want to meet him, won't you?
tu voudras le rencontrer, n'est-ce pas ?

ii) Si la proposition qui précède a un auxiliaire, il faut le répéter dans le tag :

you have seen it before, haven't you?
tu l'as déjà vu, n'est-ce pas ?

they aren't sold yet, are they?
ils n'ont quand même pas déjà été vendus ?

you will help me, won't you?
tu m'aideras, n'est-ce pas ?

you oughtn't to say that, ought you?
tu ne devrais pas dire ça, d'accord ?

S'il n'y a pas d'auxiliaire dans la proposition précédente, on emploie normalement **do** dans le tag :

he sleeps in there, doesn't he?
il dort là, n'est-ce pas ?

your cousin arrived last night, didn't she?
ta cousine est arrivée hier soir, n'est-ce pas ?

à moins que le tag ne suive un impératif, auquel cas on emploie un auxiliaire à la forme affirmative (en particulier **will/would**). Ces tags permettent souvent de nuancer l'impératif :

leave the cat alone, will you?
laisse le chat tranquille, d'accord ?

take this to Mrs Brown, would you?
tu veux bien apporter ça à Mme Brown ?

Dans de tels cas la forme négative **won't** indique une invitation :

help yourselves to drinks, won't you?
servez-vous en boisson, je vous en prie

9 Les négations

a) *La négation des formes conjuguées*

i) **Do** avec **not** s'emploie à moins que la proposition ne contienne un autre auxiliaire (**should**, **will**, etc.). En anglais courant à l'oral ou à l'écrit, il est normal de trouver la contraction de l'auxiliaire (**don't**, **won't**, **can't**, etc.) :

we do not/don't accept traveller's cheques
nous n'acceptons pas les chèques de voyage

mais (avec un autre auxiliaire) :

the matter should not/shouldn't be delayed
il ne faudrait pas tarder à s'occuper de ça

ii) Dans la question négative **not** suit le sujet, à moins qu'il ne soit contracté :

do they not accept traveller's cheques?
(mais : **don't they accept ...?**)
est-ce qu'ils n'acceptent pas les chèques de voyage ?

should you not try his office number?
(mais : **shouldn't you try ...?**)
ne devrais-tu pas essayer son numéro au bureau ?

iii) Les verbes exprimant un point de vue **believe, suppose, think**, etc. sont normalement à la forme négative, même si la négation porte logiquement sur le verbe dans la proposition complément d'objet :

I don't believe we have met
je ne crois pas que nous nous soyons déjà rencontrés

I don't suppose you could lend me a fiver?
ça t'embêterait de me prêter un billet de 5 livres ?

I didn't think these papers were yours
je ne pensais pas que ces papiers étaient à toi

mais **hope** est plus logique :

I hope it won't give me a headache
j'espère que ça ne me donnera pas mal à la tête

et il n'est même pas accompagné de **do** lorsqu'il est employé seul :

is she ill? – I hope not   elle est malade ? – j'espère que non

De nombreuses formes sont possibles pour des réponses courtes avec **believe, suppose** et **think** :

will she marry him?   va-t-elle l'épouser ?

I don't believe/think so (couramment employé)
je ne crois pas/ne pense pas

I believe/think not (moins courant, plus soigné)
I don't suppose so (couramment employé)
I suppose not (couramment employé)

b) *La négation des infinitifs et des gérondifs*

On la forme en plaçant **not** devant l'infinitif ou le gérondif :

we tried not to upset her
nous avons essayé de ne pas la contrarier

I want you to think seriously about not going
je veux que tu songes sérieusement à ne pas partir

not eating enough vegetables is a common cause of ...
le fait de ne pas manger assez de légumes est une cause fréquente de ....

L'exemple avec l'infinitif ci-dessus a bien sûr un sens différent de :

we didn't try to upset her
nous n'avons pas essayé de la contrarier

où l'auxiliaire est à la forme négative.

Remarquez l'expression idiomatique **not to worry** = **don't worry** :

I won't manage to finish it by tomorrow – not to worry
je n'arriverai pas à terminer avant demain – ce n'est pas grave

En anglais de tous les jours, on peut intercaler **not** entre le **to** de l'infinitif et le verbe (**we tried to not upset her**), bien que cela soit considéré incorrect par beaucoup, voir p. 137.

c) *La négation des impératifs*

i) Avec **do**. **Do not** a pour forme contractée **don't** :

don't worry   ne t'inquiète pas
don't be silly   ne sois pas bête

L'emploi de la forme complète **do not** est couramment employé dans des déclarations officielles, sur des modes d'emploi, des panneaux, etc. :

do not fill in this part of the form
ne pas remplir cette partie du formulaire

do not feed the animals
défense de nourrir les animaux

do not exceed the stated dose
ne pas dépasser la dose prescrite

La forme complète peut aussi s'employer pour rendre un impératif plus emphatique en anglais parlé :

I'll say it again - do not touch!
je le redis encore - ne touche pas !

Dans la forme de l'impératif **let's**, employée pour des suggestions, l'ordre des mots est le suivant :

don't let's wait any longer
n'attendons pas davantage

ii) Il existe une autre manière d'exprimer la négation à l'impératif, en employant **not** seul après le verbe. Ceci est de l'anglais comme il est employé, par exemple, dans la Bible ou dans les œuvres de Shakespeare. Il peut aussi être employé pour produire un effet comique ou sarcastique :

worry not, I'll be back soon
ne t'inquiète pas, je reviendrai bientôt

fear not, the situation is under control
n'aie pas peur, je maîtrise la situation

Mais cet emploi est tout à fait normal avec **let's** :

let's not wait any longer
n'attendons pas davantage

d) Never n'est normalement pas accompagné de **do** :

> **we never accept traveller's cheques**
> nous n'acceptons jamais les chèques de voyage

> **I never said a word**
> je n'ai rien dit

Mais si l'on veut mettre l'accent sur **never**, on peut alors employer **do** ou **did** :

> **you never did like my cooking, did you?**
> tu n'as jamais aimé ma cuisine, hein ?

S'il y a une inversion auxiliaire/sujet, on emploie **do** :

> **never did it taste so good!**
> ça n'a jamais été aussi bon !

> **never did their courage waver**
> à aucun moment leur courage n'a faibli

Dans le premier de ces deux exemples, la phrase est plus une exclamation qu'une négation, et dans la seconde, le style est poétique ou rhétorique.

e) *La traduction des formes négatives en français*

i) ne ... jamais

> **he never speaks to me/he doesn't ever speak to me**
> il ne me parle jamais

ii) ne ... rien

> **I saw nothing/I didn't see anything**
> je n'ai rien vu

iii) ne ... personne

> **she agrees with nobody (no-one)/she doesn't agree with anybody (anyone)**
> elle n'est d'accord avec personne

iv) ne ... plus

> **I don't smoke any more/any longer**
> je ne fume plus

> **words which are no longer used/words which aren't used any longer**
> des mots qui ne sont plus employés

10 Pour exprimer le présent

On peut exprimer le présent de différentes façons selon que l'on se réfère à des événements habituels ou généraux, ou à des événements précis, et selon que ceux-ci sont considérés comme des actions en cours ou comme des événements ponctuels. Cette section décrit les emplois des formes verbales appropriées.

a) *Le présent simple*

i) Pour des événements habituels ou généraux, ou pour des vérités universelles :

I get up at seven o'clock every morning
je me lève à sept heures tous les matins

Mrs Parfitt teaches French at the local school
Madame Parfitt enseigne le français dans l'école du quartier

the earth revolves round the sun
la terre tourne autour du soleil

ii) Avec des verbes qui n'impliquent pas d'idée de progression dans le temps. Ces verbes sont parfois appelés 'statiques' et ils expriment souvent le désir, le dégoût, l'opinion ou font référence aux sens :

I (dis)like/love/hate/want that girl
j'aime (je n'aime pas)/j'adore/je déteste/je veux cette fille

I believe/suppose/think you're right
je crois/suppose/pense que vous avez raison

we hear/see/feel the world around us
nous entendons/voyons/sentons le monde autour de nous

it tastes good/it smells good
c'est bon/ça sent bon

Remarquez que ces verbes 'statiques' peuvent devenir des verbes 'dynamiques', si le sens sous-entend le 'déroulement' ou qu'une action dure. Dans de tels cas, on emploie le présent progressif :

what are you thinking about?
à quoi penses-tu ?

we're not seeing a lot of him these days
on ne le voit pas beaucoup ces jours-ci

are you not feeling well today?
est-ce que vous ne vous sentez pas bien aujourd'hui ?

we're tasting the wine to see if it's all right
nous goûtons le vin pour voir s'il est bon

b) *Le présent progressif*

i) Le présent progressif est employé avec des verbes 'dynamiques', c.-à-d. des verbes qui renvoient à des événements en cours et normalement temporaires :

don't interrupt while I'm talking to somebody else
ne m'interromps pas quand je parle à quelqu'un d'autre

please be quiet; I'm watching a good programme
tais-toi, s'il te plaît ; je regarde une émission intéressante

he's trying to get the car to start
il essaie de faire démarrer la voiture

not now, I'm thinking
pas maintenant, je réfléchis

Comparez : **I live in London** (présent simple)
je vis à Londres

I'm living in London (présent progressif)
je vis à Londres (maintenant)

La deuxième phrase implique que le locuteur n'est pas installé à Londres d'une façon permanente, que c'est d'une manière temporaire qu'il vit à Londres.

ii) Si l'on fait référence à a) i) ci-dessus, il est clair que les adverbes de temps absolu ou d'habitude sont fréquents avec le présent simple, comme dans :

he always goes to bed after midnight
il va toujours se coucher après minuit

Cet emploi du présent simple s'applique pour donner les états de fait. Mais on emploie parfois le présent progressif avec de tels adverbes, en particulier avec **always** et **forever**, lorsque l'on souhaite exprimer non seulement le fait lui-même, mais une attitude vis-à-vis de celui-ci, en particulier une attitude d'irritation, d'amusement ou de surprise :

you're always saying that! (irritation)
tu dis toujours ça !

he's always criticizing me (ressentiment)
il me critique tout le temps

John is forever forgetting his car keys (légère ironie)
John oublie toujours ses clés de voiture

I'm always finding you here at Betty's (surprise)
tiens, je te trouve toujours ici chez Betty !

11 Pour exprimer le passé

a) *Le prétérit*

On l'emploie lorsque l'on veut mettre l'accent sur l'accomplissement d'une action, souvent à un moment précis indiqué par un adverbe :

he caught the train yesterday
il a pris le train hier

he didn't say a word at the meeting
il n'a pas dit un mot pendant la réunion

Maria Callas sang at the Lyric Opera only a few times
Maria Callas ne chanta/n'a chanté à l'Opéra qu'en de rares occasions

b) *used to/would*

Lorsque l'on veut faire référence à un événement habituel au passé, on emploie souvent **used to** ou **would** :

on Sundays we used to go to my grandmother's
on Sundays we would go to my grandmother's
le dimanche on allait chez ma grand-mère

c) *Le passé progressif*

Ce temps a pour but d'insister sur la continuité d'une action ou d'un événement :

what were you doing last night around 9 o'clock? – I was repairing the garage door
qu'est-ce que tu faisais hier soir vers 9 heures ? – je réparais la porte du garage

I was watching my favourite programme when the phone rang
je regardais mon émission préférée, quand le téléphone a sonné

Dans le deuxième exemple, **was watching** (passé progressif) s'oppose à **rang** (prétérit). Les deux verbes sont en contraste de manière différente dans l'exemple suivant, où les formes des verbes ont été inversées :

I watched his face while the phone was ringing
j'ai regardé son visage pendant que le téléphone sonnait

Ici le locuteur insiste sur le fait que 'regarder' s'est produit à un certain moment. Il ne prend donc pas en compte l'idée de continuité que le verbe pourrait exprimer, en revanche il met l'accent sur la continuité de 'sonner'. Les deux exemples illustrent l'emploi du passé progressif pour des événements servant de toile de fond à d'autres événements de courte durée, pour lesquels on préfère l'aspect simple.

d) *Le present perfect (progressif)*

On emploie le present perfect pour des actions du passé ou des événements qui ont un lien avec le présent :

she has read an enormous number of books (c'est-à-dire qu'elle est érudite)
elle a lu énormément de livres

Comparez le present perfect avec le prétérit dans les deux phrases qui suivent :

have you heard the news this morning? (c'est encore la matinée)
tu as entendu les informations ce matin ?

did you hear the news this morning? (c'est maintenant l'après-midi ou le soir)
tu as entendu les informations ce matin ?

he has just arrived (il est là maintenant)
il vient d'arriver

he arrived a moment ago (accent sur le moment du passé)
il est arrivé il y a un instant

Mrs Smith has died (elle est morte maintenant)
Mme Smith est morte

Mrs Smith died a rich woman (au moment où elle est morte, elle était riche)
Mme Smith est morte riche

Pour insister sur le fait qu'une action est continue, on peut employer l'aspect progressif :

I've been living in this city for 10 years
cela fait dix ans que je vis dans cette ville

Cependant, ici on peut aussi employer la forme simple dans le même sens :

I've lived in this city for 10 years

Remarquez que l'on emploie **since** pour traduire 'depuis' pour faire référence à un moment précis dans le temps :

I've been living here since 1971
je vis ici depuis 1971

Dans certains cas, cependant, l'emploi de l'aspect progressif et l'emploi de la forme simple impliquent des idées différentes. Comparez :

I've been waiting for you for three whole hours!
cela fait trois bonnes heures que je t'attends !

I've waited for you for three whole hours!
je t'ai attendu pendant trois heures !

On ne dirait pas la deuxième phrase directement à la personne que l'on attend lorsque cette personne finit par arriver. Mais on pourrait le dire à cette personne au téléphone, sous-entendant ainsi que l'on va maintenant cesser d'attendre.

On pourrait aussi bien dire la première phrase à la personne lorsqu'elle arrive qu'au téléphone.

e) *Le past perfect (progressif)*

Le past perfect permet de décrire des actions et des événements passés survenus avant d'autres événements passés. Il exprime un passé par rapport à un autre passé :

she had left when I arrived
elle était partie lorsque je suis arrivé

she left when I arrived
elle est partie lorsque je suis arrivé

L'aspect progressif permet d'insister sur le fait que l'action est continue :

she had been trying to get hold of me for hours when I finally turned up
cela faisait des heures qu'elle essayait de me contacter lorsque je suis enfin arrivé

I had been meaning to contact him for ages
cela faisait très longtemps que j'avais l'intention de le contacter

Pour le past perfect dans les propositions conditionnelles, voir p. 167.

12 Pour exprimer le futur

a) *will* et *shall*

i) Lorsque le locuteur fait référence au futur à la 1ère personne, on peut employer **will** ou **shall**. Ces deux formes se contractent en **'ll**. Cependant l'emploi de **shall** est peu fréquent ailleurs qu'en Grande Bretagne :

I will/I'll/I shall inform Mr Thompson of her decision
je ferai part de sa décision à Mr Thompson

we won't/shan't be long
ça ne nous prendra pas longtemps

I will/I'll/I shall be in Rome when you're getting married
je serai à Rome quand vous vous marierez

ii) Aux autres personnes, on emploie **will** :

you will/you'll be surprised when you see him
vous serez surpris quand vous le verrez

he will/he'll get angry if you tell him this
il se mettra en colère si tu lui dis cela

Remarquez qu'après **when** l'anglais emploie un présent pour faire référence au futur, comme dans l'exemple ci-dessus. Ceci s'applique aussi pour d'autres conjonctions de temps, par exemple :

I'll do it as soon as I get home
je le ferai dès que j'arriverai à la maison

life will be easier once you learn to accept ... (ou **once you have learnt to accept ...**)
la vie sera plus facile une fois que tu auras appris à accepter ...

iii) Si le locuteur exprime une intention à la deuxième ou à la troisième personne (souvent une promesse ou une menace), on rencontre alors parfois **shall**, mais cet emploi n'est plus de nos jours aussi courant que celui de **will** :

you shall get what I promised you
tu auras ce que je t'ai promis

they shall pay for this!
ils/elles vont me le payer !

Si l'intention ou la volonté n'est pas celle du locuteur, on emploie alors **will** (**'ll**) :

he will/he'll do it, I'm sure
il le fera, j'en suis sûr(e)

iv) On emploie **shall** pour exprimer des suggestions :

shall we go?   **shall I do it for you?**
on y va ?   tu veux que je te le fasse ?

Dans ces deux exemples, on n'emploierait pas **will**.

v) On emploie **will** pour demander à quelqu'un de faire quelque chose :

will you step this way, please?
voulez-vous venir par ici, s'il vous plaît ?

vi) pour proposer de faire quelque chose, pour affirmer quelque chose en ce qui concerne l'avenir immédiat :

Dans les exemples suivants, en emploie **will** de préférence à **shall** (bien que la forme contractée soit de loin la plus courante) :

leave that, I'll do it   **try some, you'll like it**
laisse ça, je vais le faire   goûtez-y, vous aimerez ça

what's it like? – I don't know, I'll try it
c'est bon ? – je ne sais pas, je vais y goûter

there's the phone – ok, I'll answer it
le téléphone sonne – bon, je réponds

b) *Le futur simple et le futur progressif*

i) la continuité de l'action :

Will et **shall** peuvent être suivis de la forme progressive, si le locuteur veut insister sur l'aspect continu de l'action :

I'll be marking essays and you'll be looking after the baby
je corrigerai des dissertations et tu t'occuperas du bébé

ii) les demandes ou les questions :

On peut aussi employer la forme progressive pour indiquer que le locuteur parle de façon neutre d'un état de choses et souhaite atténuer la nuance de volonté que pourrait sous-entendre l'aspect simple. C'est pourquoi on rencontre souvent **will/shall** + forme progressive de l'infinitif dans des phrases qui sous-entendent un arrangement préalable :

she'll be giving two concerts in London next week (= she is due to give ...)
elle donnera deux concerts à Londres la semaine prochaine

will you be bringing that up at the meeting?
est-ce que tu comptes en parler à la réunion ?

La question :

will you bring that up at the meeting?
tu en parleras à la réunion ?

est plus susceptible d'être interprétée comme une demande ou une prière que comme une question quant à ce que vous avez l'intention de faire.

c) *be going to*

i) Bien souvent, il n'y a aucune différence entre **be going to** et **will** :

I wonder if this engine is ever going to start (... will ever start)
je me demande si le moteur va finir par démarrer

you're going to just love it (you'll just love it)
tu vas adorer ça

what's he going to do about it? (what'll he do about it?)
qu'est-ce qu'il va faire ?

ii) Pour indiquer une intention, **be going to** est plus couramment employé que **will** ou **shall** :

we're going to sell the house after all
en fin de compte, nous allons vendre la maison

he's going to sue us   **I'm going to go to London tomorrow**
il va nous faire un procès je vais aller à Londres demain

Mais dans une phrase plus longue comprenant d'autres locutions adverbiales et d'autres propositions, on peut aussi employer **will** :

look, what I'll do is this, I'll go to London tomorrow, talk to them about it and ...
écoute, voilà ce que je vais faire, je vais aller à Londres demain, je vais leur en parler et ...

iii) **be going to** s'emploie de préférence à **will** lorsque les raisons justifiant les prévisions sont directement liées au présent :

it's going to rain (look at those clouds)
il va pleuvoir (regarde ces nuages)

I know what you're going to say (it's written all over your face)
je sais ce que tu vas dire (en voyant ton expression)

d) *Le présent simple*

i) Dans les principales, le présent simple exprime le futur lorsque
l'on fait référence à un programme établi, en particulier lorsque
l'on fait référence à un horaire :

when does university start? – classes start on October 6th
quand a lieu la rentrée universitaire ? – les cours reprennent le 6
octobre

the train for London leaves at 11 am
le train qui va à Londres part à 11 heures

ii) On emploie généralement le présent simple dans les
propositions temporelles ou conditionnelles :

you'll like him when you see him	**if he turns up, will you speak to him?**
il te plaira quand tu le verras	tu lui parleras s'il vient ?

Ne confondez pas les propositions de ce type commençant par
when et **if** et les propositions compléments d'objet
interrogatives. Dans ces dernières, **when** signifie 'quand ?, à
quel moment ?' et **if** signifie 'si' (adverbe interrogatif), et la
forme du verbe est la même que celle du verbe de l'interrogation
directe correspondante :

do you know when dad's taking the dog out?
est-ce que tu sais quand Papa va sortir le chien ? (quand est-ce
que Papa va sortir le chien ?)

I wonder if she'll be there   je me demande si elle sera là

e) *Le présent progressif*

i) Le présent progressif est souvent très semblable à **be going to**,
servant à exprimer l'intention :

I'm taking this book with me (I'm going to take this book with me)
j'emporte ce livre (je vais emporter ce livre)

what are you doing over Christmas? (what are you going to
do over Christmas?)
qu'est-ce que tu fais à Noël ? (qu'est-ce que tu vas faire ... ?)

ii) Mais lorsque l'idée d'intention est moins importante, le présent
progressif a tendance à sous-entendre l'idée d'arrangement
préalable, et son usage est alors similaire à celui de **will** +
infinitif progressif ou du présent simple :

she's giving two concerts in London next week
elle donne deux concerts à Londres la semaine prochaine

the train for London is leaving soon
le train pour Londres part bientôt

f) *be to*

On emploie souvent **be to** pour faire référence à des projets
d'avenir spécifiques, en particulier des projets qu'ont pour nous
d'autres personnes, le hasard ou la destinée :

the President is to visit the disaster zone (pour le style
employé dans les grands titres voir p. 136)
le président doit visiter la zone sinistrée

we are to be there by ten o'clock
nous devons y être pour dix heures

are we to meet again, I wonder?
nous reverrons-nous un jour, je me le demande ?

g) *be about to*

Be about to exprime le futur très proche :

you are about to meet a great artist (very shortly you will
meet a great artist)
vous êtes sur le point de rencontrer un grand artiste

the play is about to start (any second now)
la pièce est sur le point de commencer

Be about to peut aussi s'employer pour exprimer des intentions quant
au futur, mais c'est là un usage plus courant en anglais américain :

**I'm not about to let him use my car after what happened
last time**
je ne vais pas lui laisser prendre ma voiture après ce qui s'est
produit la dernière fois

En anglais britannique on aurait davantage tendance à employer **be
going to**.

h) *Le futur antérieur (progressif)*

On emploie le futur antérieur pour faire référence à une action qui
aura été achevée avant une autre action dans le futur :

by the time we get there he will already have left
d'ici à ce que nous arrivions, il sera déjà parti

by then we'll have been working on this project for 5 years
nous aurons alors travaillé pendant cinq ans sur ce projet

On emploie aussi le futur antérieur pour exprimer des suppositions quant au présent ou au passé :

you'll have been following developments on this, no doubt
vous aurez, sans aucun doute, suivi les développements de cette affaire

13 Pour exprimer la condition

Dans les phrases conditionnelles, on exprime la condition dans une proposition subordonnée placée avant ou après la proposition principale et commençant normalement par **if** :

if the train is late, we'll miss our plane
si le train a du retard, nous raterons notre avion

we'll miss our plane if the train is late
nous raterons notre avion si le train a du retard

Pour les conditions négatives **unless** (si...ne, à moins que) est parfois employé :

unless the train is on time, we'll miss our plane
if the train isn't on time, we'll miss our plane
si le train n'est pas à l'heure, nous raterons notre avion

Etant donné que l'action de la principale dépend de la condition de la subordonnée, cette action doit être au futur (pour les exceptions voir a)i ci-dessous). L'auxiliaire qui se rapproche le plus d'un futur pur est **will**, qui, de même que sa forme du passé **would**, est employé dans les exemples illustrant les emplois des phrases au conditionnel.

a) *Pour faire référence au présent/futur*

i) possibilité vraisemblable :

Le verbe de la proposition subordonnée est au présent ou au present perfect. La proposition principale comprend la construction **will** + infinitif (quelquefois **shall** + infinitif à la 1ère personne) :

if you see her, you will not recognize her
si tu la vois, tu ne la reconnaîtras pas

if you are sitting comfortably, we will begin
si vous êtes assis confortablement, nous allons commencer

if you have completed the forms, I will send them off
si vous avez rempli les formulaires, je les enverrai

if he comes back, I shall ask him to leave
s'il revient, je lui demanderai de partir

Il y a trois exceptions importantes :

★ Si le verbe de la principale est aussi au présent, cela sous-entend généralement un résultat automatique ou habituel. Dans ces phrases, **if** a presque le sens de **when(ever)** (lorsque, à chaque fois que) :

if the sun shines, people look happier
quand le soleil brille, les gens ont l'air plus heureux

if people eat rat poison, they often die
souvent, quand les gens mangent de la mort-aux-rats, ils en meurent

if you're happy, I'm happy
si ça te va, ça me va

if you don't increase your offer, you don't get the house
si vous n'offrez pas plus, vous n'aurez pas la maison

★ Lorsque **will** est aussi employé dans la subordonnée, le locuteur fait alors référence à la bonne volonté d'une personne ou à son intention de faire quelque chose :

if you will be kind enough to stop singing, we will/shall be able to get some sleep
si vous vouliez bien arrêter de chanter, que nous puissions dormir

if you will insist on eating all that fatty food you will have to put up with the consequences
si tu continues à manger aussi gras, tu devras en supporter les conséquences

Lorsque cette forme est employée pour demander à quelqu'un de faire quelque chose, on peut ajouter à la phrase un nuance de politesse en employant **would** :

if you would be kind enough to stop playing the trombone, we would/should be able to get some sleep
si vous aviez la bonté d'arrêter de jouer du trombone, nous pourrions dormir

★ Lorsque l'on emploie **should** dans la subordonnée (à toutes les personnes), cela sous-entend que la condition est moins probable. Ces propositions avec **should** sont souvent suivies de l'impératif, comme cela est le cas dans les deux premiers exemples :

if you should see him, ask him to call
au cas où vous le verriez, demandez-lui de m'appeler

if he should turn up, try and avoid him
s'il venait, essayez de l'éviter

if they should attack you, you will have to fight them
s'ils en venaient à vous attaquer, il vous faudrait vous défendre

Dans un style légèrement plus soutenu, on peut omettre **if** et faire commencer la phrase par la proposition subordonnée avec **should** :

should the matter arise again, telephone me at once
si le problème devait se présenter de nouveau, téléphonez-moi immédiatement

ii) possibilité peu probable ou irréelle :

L'expression 'possibilité peu probable ou irréelle' signifie que l'on s'attend à ce que la condition ne se réalise pas ou qu'on l'oppose à des faits connus. Le verbe de la proposition subordonnée est au passé ; la principale comprend la construction **would** (également **should** à la première personne) + infinitif :

if you saw her, you would not recognize her
si tu la voyais, tu ne la reconnaîtrais pas

if she had a car, she would visit you more often
si elle avait une voiture, elle te rendrait visite plus souvent

if I won that amount of money, I would/should just spend it all
si je gagnais une telle somme d'argent, je dépenserais tout

if the lift was working properly, there would not be so many complaints
si l'ascenseur marchait correctement, il n'y aurait pas autant de réclamations

Ce type de phrase n'exprime pas nécessairement une possibilité peu probable ou irréelle. Elle présente souvent peu de différence par rapport à la construction du type a) i) ci-dessus :

if you tried harder, you would pass the exam (if you try harder, you will pass the exam)
si tu faisais plus d'efforts, tu réussirais ton examen

L'emploi du passé peut donner à la phrase un ton un peu plus 'amical' et poli.

b) *Pour faire référence au passé*

i) Dans ces cas-là la condition n'est pas réalisée, puisque ce qui est exprimé dans la proposition commençant par **if** ne s'est pas produit. Le verbe de la subordonnée est au past perfect ; la principale comprend la construction **would** (également **should** à la première personne) + infinitif passé :

if you had seen her, you would not have recognized her
si tu l'avais vue, tu ne l'aurais pas reconnue

if I had been there, I would/should have ignored him
si j'avais été là, j'aurais fait semblant de ne pas le voir

Dans un style légèrement plus soutenu, on peut omettre **if** et faire commencer la subordonnée par **had** :

had I been there, I would/should have ignored him

ii) exceptions :

★ Si la proposition principale fait référence à la non réalisation dans le présent d'une condition dans le passé, on peut aussi employer **would** + infinitif :

if I had studied harder, I would be an engineer today
si j'avais étudié davantage, je serais ingénieur maintenant

★ On emploie le passé dans les deux propositions si, comme cela est le cas dans a) i) ci-dessus, on sous-entend un résultat automatique ou habituel (**if** = when(ever)) :

if people had influenza in those days, they died
si les gens attrapaient la grippe en ce temps-là, ils en mouraient

if they tried to undermine the power of the Church, they were burned at the stake
s'ils essayaient de saper le pouvoir de l'Eglise, ils mouraient au bûcher

★ Si on s'attend à ce que la condition se soit réalisée, les restrictions quant à la concordance des temps indiquées dans a) et b) ci-dessus ne s'appliquent plus. Dans ces cas-là, **if** signifie souvent 'comme' ou 'puisque'. Remarquez, par exemple, la diversité des formes verbales employées dans les propositions principales qui suivent les propositions commençant par **if** (qui sont toutes au passé) :

if he was rude to you, why did you not walk out?
s'il a été grossier avec toi, pourquoi est-ce que tu n'es pas parti(e) ?

if he was rude to you, why have you still kept in touch?
if he was rude to you, why do you still keep in touch?
s'il a été grossier avec toi, pourquoi est-ce que tu es resté(e) en contact avec lui ?

if he told you that, he was wrong
s'il t'a dit ça, il a eu tort

if he told you that, he has broken his promise
s'il t'a dit ça, il a manqué à sa promesse

if he told you that, he is a fool
s'il t'a dit ça, c'est un imbécile

14 Le subjonctif

Par opposition à l'indicatif, qui est le mode du réel, le subjonctif est le mode du non-réel, et exprime, par exemple, le souhait, l'espoir, la possibilité, etc. (Voir **Les Modes** p. 130).

Le présent du subjonctif est identique par sa forme à l'infinitif (sans **to**) aux trois personnes du singulier et du pluriel. Autrement dit, la seule différence entre les formes du présent du subjonctif et celles du présent de l'indicatif est l'omission du **-s** à la troisième personne du singulier.

L'imparfait du subjonctif n'est marqué du point de vue de la forme qu'à la première et à la troisième personne du singulier du verbe **to be**, qui est **were**. Cependant, dans le langage de tous les jours, on emploie de préférence **was** (voir aussi b) vi) ci-dessous).

a) *Le subjonctif dans les propositions principales*

Ici, l'emploi du subjonctif est limité à des locutions fixes exprimant l'espoir ou le souhait, par exemple :

God save the Queen!	Vive la reine !
Long live the King!	Vive le roi !
Heaven be praised!	Dieu soit loué !

b) *Le subjonctif dans les propositions subordonnées*

i) Dans les propositions conditionnelles, le subjonctif passé est d'un emploi très courant; voir 13a) ii ci-dessus. L'emploi du présent du subjonctif appartient à un niveau de langue très soutenu ou à un style littéraire :

if this be true, old hopes are born anew
si c'était vrai, tous les espoirs renaîtraient

sauf dans l'expression consacrée **if need be** = 's'il le faut, si besoin est' :

if need be, we can sell the furniture
s'il le faut, nous pouvons vendre les meubles

Remarquez aussi l'emploi dans les tournures concessives :

they are all interrogated, be they friend or foe
ils sont tous interrogés, qu'ils soient amis ou ennemis

ii) Les propositions comparatives, introduites par **as if** ou **as though** contiennent souvent, mais certainement pas dans tous les cas, un subjonctif passé :

he treats me as if I was/were a child
il me traite comme si j'étais un gamin

iii) Le subjonctif passé est employé après **if only** et dans les propositions compléments d'objet direct après **wish** et **had rather**, toutes ces propositions exprimant le souhait ou le désir :

if only we had a bigger house, life would be perfect
si seulement nous avions une maison plus grande, tout serait parfait

are you going abroad this year? – I wish I were/was
est-ce que tu pars à l'étranger cette année ? – si seulement je pouvais !

I wish he was/were back at school
si seulement il avait repris l'école

where's your passport? – I wish I knew
où est ton passeport ? – si je le savais !

do you want me to tell you? – I'd rather you didn't
tu veux que je te le dise ? – je n'aime mieux pas !

iv) Dans un langage soutenu (par exemple, le langage juridique), on rencontre parfois le présent du subjonctif dans les propositions complément d'objet direct après les verbes ou les expressions impersonnelles (telles que : 'il est souhaitable', 'il est important') indiquant une suggestion ou un souhait :

we propose that the clause be extended to cover such eventualities
nous proposons que la clause soit élargie pour couvrir ces éventualités

it is important that he take steps immediately
il est important qu'il prenne des mesures immédiatement

it is imperative that this matter be discussed further
il est impératif de discuter davantage de cette affaire

Dans ces propositions, le subjonctif est d'un emploi plus courant en anglais américain qu'en anglais britannique et n'est en aucun cas rare en dehors du langage des négociations ou du langage juridique. Bien que l'anglais américain influence rapidement l'anglais britannique, ce dernier préfère toujours l'emploi de **should** + infinitif :

we suggest that the system (should) be changed
nous suggérons que le système soit changé

I am adamant that this (should) be put to the vote
j'insiste pour que cela soit soumis au vote

it is vital that he (should) start as soon as possible
il est primordial qu'il commence aussitôt que possible

v) Après **it's time**, lorsque le locuteur veut insister sur le fait que quelque chose devrait être fait, on emploie le subjonctif passé :

it's time we spoke to him
il est temps que nous lui parlions

it's high time they stopped that
il est grand temps qu'ils arrêtent cela

tandis que dans l'exemple suivant, on ne fait qu'exprimer l'opportunité du moment :

it's time to speak to him about it
c'est le moment de lui en parler

vi) **if I was/if I were**

Les confusions sont fréquentes quant à l'emploi correct de **if I was/if I were**.

Il existe des cas dans lesquels on ne peut employer que **if I was**, c'est-à-dire les cas dans lesquels la condition à laquelle on fait référence n'est en aucun cas une condition irréelle :

if I was mistaken about it then it certainly wasn't through lack of trying
si je me suis trompé(e), ce n'est certainement pas faute d'avoir fait de mon mieux

Le locuteur ne met pas en cause le fait que l'erreur soit réelle, mais il se contente d'en expliquer la cause.

Par contre dans la phrase suivante :

if I were mistaken about it, surely I would have realized
si je m'étais trompé(e), je m'en serais certainement aperçu(e)

le locuteur exprime un doute quant à la réalité de l'erreur et l'emploi du subjonctif **were** est donc approprié. Mais il ne serait pas non plus faux d'employer **was** dans ce contexte; il s'agit simplement là d'une expression appartenant à un langage moins soutenu.

15 Un emploi particulier du passé

Nous avons vu dans les sections 13 et 14 comment le subjonctif
passé peut faire référence au présent dans des propositions
conditionnelles ou autres. Outre ces emplois du subjonctif passé, le
passé peut faire référence au présent dans les propositions
principales exprimant une attitude plus hésitante et donc plus polie
et respectueuse. Ainsi :

did you want to see me?
vous vouliez me voir ?

est plus poli, plus hésitant, ou moins sec que :

do you want to see me?
vous voulez me voir ?

Mais dans l'expression usuelle :

I was wondering if you could help me do this
est-ce que vous pourriez m'aider à faire cela ?

l'emploi du passé exprime maintenant toujours la nuance de
politesse et n'est pour ainsi dire pas différent de :

I wonder if you could help me with this

L'expression usuelle :

I was hoping you could help me here
j'ai un problème, est-ce que vous pourriez m'aider ?

pour formuler une demande polie, n'a pas de construction
correspondante au présent.

16 La voix passive

En ce qui concerne les différences de forme entre la voix active et
la voix passive, voir p. 131.

a) *Le passif direct et indirect*

Dans la phrase à la voix active :

they sent him another bill
ils lui ont envoyé une autre facture

another bill est le complément d'objet direct et **him** est le
complément d'objet indirect. Si dans une construction
correspondante à la voix passive, le complément d'objet direct de la
phrase à la voix active devient le sujet de la phrase à la voix
passive, on a alors un 'passif direct' :

another bill was sent (to) him
une autre facture lui a été envoyée

alors qu'un 'passif indirect' aurait pour sujet le complément d'objet indirect de la phrase à la voix active :

he was sent another bill
on lui a envoyé une autre facture

b) *Le passif d'état et le passif d'action*

Dans la phrase suivante, le verbe exprime un état :

the shop is closed   la boutique est fermée

tandis que dans l'exemple suivant, cela ne fait aucun doute qu'il exprime une action :

the shop is closed by his mother at 4 pm every day
la boutique est fermée par sa mère tous les jours à 16 heures

Dans la première phrase le verbe est appelé 'verbe d'état', dans la deuxième phrase le verbe est appelé 'verbe d'action'. C'est le contexte qui nous l'apprend et non pas la forme. La forme du verbe reste la même. L'absence de formes distinctes peut parfois donner lieu à des ambiguïtés comme par exemple :

his neck was broken when they lifted him

signifiant soit (passif d'état) 'son cou était cassé quand ils l'ont soulevé', soit (passif d'action) 'son cou fut cassé quand ils l'ont soulevé'. Cependant si l'on souhaite insister sur l'aspect de passif d'action (souvent plus vivant), on peut employer **get** comme auxiliaire à la place de **be**, dans le language de tous les jours en particulier :

his neck got broken when they lifted him
il a eu le cou cassé quand ils l'ont soulevé

they finally got caught
ils ont fini par se faire prendre

he got kicked out of the pub
il s'est fait mettre à la porte du pub

On peut aussi employer le verbe **have** pour exprimer un passif d'action :

he had his neck broken when they lifted him
il a eu le cou cassé quand ils l'ont soulevé

they've had their house burgled three times
ils se sont fait cambrioler trois fois

c) *Voix passive ou voix active ?*

i) Si ce qui fait l'action est moins important que l'action accomplie, on préfère souvent la voix passive à la voix active. Ainsi dans :

his invitation was refused
son invitation a été refusée

d'après le locuteur l'identité de la personne qui refuse n'a évidemment pas d'importance. Si, dans le langage scientifique en particulier, on emploie de très nombreuses tournures passives, c'est parce que l'on considère que mentionner l'agent ou celui qui fait l'action manque d'objectivité. On écrit :

the experiment was conducted in darkness
l'expérience a été effectuée dans le noir

plutôt que :

I conducted the experiment in darkness
j'ai effectué l'expérience dans le noir

ii) Si celui qui fait l'action n'a aucune importance ou si on ne le connaît pas, de nombreux verbes apparaissent à la voix active mais ont un sens passif. Il y a peu de différence entre :

the theatre runs at a profit
le théâtre fait des bénéfices

et : **the theatre is run at a profit**

ou entre

her eyes were filled with tears
ses yeux étaient remplis de larmes

et : **her eyes filled with tears**

Ces formes actives à sens passif sont d'un emploi relativement fréquent en anglais et souvent l'emploi d'une forme passive serait maladroit, voire impossible :

a cloth which feels soft **it flies beautifully**
un tissu qui est doux au toucher il se pilote très bien

silk blouses do not wash well
les chemisiers en soie ne se lavent pas bien

this essay reads better than your last one
cette dissertation se lit mieux que la dernière que vous avez écrite

where is the film showing? **he photographs well**
où est-ce que le film passe ? il est photogénique

iii) Quelquefois, la voix active à sens passif se limite à l'infinitif :

the house is to let   **I am to blame**
la maison est à louer   je suis à blâmer

mais de tels cas sont rares. Cependant, dans les constructions du type **there is** + (pro)nom avec infinitif, l'infinitif actif à sens passif est courant :

there is work to do (= ... to be done)
il y a du travail à faire

when we get home there'll be suitcases to unpack
quand nous rentrerons à la maison, il y aura les valises à défaire

there was plenty to eat
il y avait beaucoup de choses à manger

have you got anything to wash?
est-ce que tu as quelque chose à laver ?

Dans certains cas, on peut employer indifféremment l'infinitif actif ou l'infinitif passif :

there's nothing else to say/to be said
il n'y a rien d'autre à dire

is there anything to gain/to be gained from it?
est-ce qu'il y a quelque chose à y gagner ?

Mais quelquefois dans ces constructions après les pronoms **something**, **anything**, **nothing**, il peut y avoir une différence entre l'infinitif actif (à sens passif) et l'infinitif passif de **do**. Par exemple :

there is always something to do

signifie généralement (mais pas nécessairement) 'on trouve toujours à s'occuper', tandis que :

there is always something to be done
signifie 'il y a toujours du travail à faire'.

iv) 'on'

Le passif est bien plus employé en anglais qu'en français. Souvent le français préfère une construction avec 'on' :

he was spotted leaving the bar
on l'a vu sortant du bar

that's already been done   **I hadn't been told that**
on l'a déjà fait   on ne m'avait pas dit ça

17 Be, have, do

a) *be*

i) **Be** est employé comme auxiliaire avec le participe passé afin de former un passif, et avec le participe présent pour exprimer l'aspect progressif du passif (p. 131). Parfois **be** peut remplacer **have** en tant qu'auxiliaire pour l'aspect 'perfect' (ou passé) (voir p. 131), comme dans :

are you finished?　　　　　　**our happiness is gone**
est-ce que tu as fini ?　　　　　　notre bonheur s'est enfui

Dans ces cas-là, on insiste particulièrement sur l'état actuel plutôt que sur l'action.

ii) Comme les autres auxiliaires modaux, **be** n'est pas accompagné de **do** dans les négations et les interrogations. Cependant, lorsque **be** se comporte comme un verbe indépendant et non pas comme un auxiliaire, on emploie **do** dans les impératifs à la forme négative :

don't be silly
ne fais pas l'idiot

iii) Lorsque **be** est un verbe ordinaire (c'est-à-dire pas un auxiliaire), il n'est pas employé à l'aspect progressif, sauf lorsqu'il fait exclusivement référence au comportement. Ainsi il y a une différence entre :

he is silly
il est sot (= de nature)

et :

he is being silly
il fait le sot

et entre :

he's American
il est américain

et :

if you said it that way, I'd assume you were deliberately being American
si tu disais ça de cette façon, je penserais que tu t'exprimes exprès à l'américaine

b) *have*

i) **Have** est employé avec le participe passé pour former l'aspect 'perfect' (p. 130).

En tant que verbe ordinaire, il exprime quelquefois une activité ou une expérience, comme dans les expressions suivantes :

to have dinner	**to have difficulty**
dîner/ déjeuner	avoir du mal à
to have a chat	**to have a good time**
bavarder	s'amuser/passer un bon moment

Lorsque **have** n'exprime pas une activité, il fait normalement référence à la possession, à un état, ou à quelque chose organisé à l'avance :

to have a farm	**to have an appointment**
avoir une ferme	avoir un rendez-vous
to have toothache	**to have time** (**for** or **to do something**)
avoir mal aux dents	avoir le temps (de faire quelque chose)

Donc :

she'll have the baby in August

appartient au premier type si la phrase signifie qu'elle donnera naissance au bébé. Par contre, si la phrase signifie qu'elle 'recevra' le bébé (si elle l'adopte, par exemple), elle appartient au deuxième type.

On peut appeler les types **have 1** (activité +) et **have 2** (activité -).

ii) **have 1** :

★ Il se comporte comme les verbes ordinaires normaux dans les interrogations et dans les négations, c'est-à-dire qu'il est accompagné de **do**, ainsi que dans les question-tags :

did you have the day off yesterday?
est-ce que tu a pris un jour de congé hier ?

we don't have conversations any more
nous ne nous parlons plus

we had a marvellous time, didn't we?
nous avons vraiment passé un très bon moment, n'est-ce pas ?

★ **Have 1** peut s'employer à l'aspect progressif :

he telephoned as we were having lunch
il a téléphoné pendant que nous déjeunions

I'm having trouble with Carol these days
j'ai des problèmes avec Carol ces temps-ci

iii) **have 2** :

★ Au lieu de **have 2**, l'anglais britannique emploie souvent **have got**, particulièrement dans le langage parlé, et surtout au présent :

he has/he has got/he's got a large garden
il a un grand jardin

Au passé, on emploie normalement **had** ou **used to have**, ce dernier insistant sur l'idée de possession prolongée, la répétition ou l'habitude :

they all had flu in July last year
ils ont tous eu la grippe en juillet l'année dernière

he had/used to have a large garden once
autrefois, il avait un grand jardin

we had/used to have lots of problems in those days
en ce temps-là, nous avions beaucoup de problèmes

★ Dans les interrogations, le sujet et **have** peuvent être inversés :

have you any other illnesses?
avez-vous d'autres maladies ?

Dans les négations, **not** peut s'employer sans **do** :

he hasn't a garden
il n'a pas de jardin

On considère parfois ces phrases comme appartenant à un niveau de langue plutôt soutenu, et dans le langage de tous les jours, on préfère employer **have ... got** ou une construction avec **do** :

have you got/do you have any other illnesses?
he hasn't got/doesn't have a garden

La tournure en **do** est récemment devenue d'un emploi plus fréquent du fait de l'influence de l'anglais américain où il est normal de l'employer. Notez que si le locuteur souhaite faire passer l'idée de quelque chose qui se produit habituellement, régulièrement ou de façon générale, alors on emploie particulièrement fréquemment la tournure en **do** :

have you got/do you have any food for the dog?
est-ce que tu as de la nourriture pour le chien ?

mais :

do you always have dog-food in the sideboard ?
est-ce que tu as toujours de la nourriture pour chiens dans ton buffet ?

lorsque **have** a un sens très voisin de 'avoir en permanence'. De même :

have you got/do you have a pain in your chest?
est-ce que vous ressentez une douleur dans la poitrine ?

mais :

do you frequently have a pain in your chest?
est-ce que vous ressentez souvent une douleur dans la poitrine ?

Dans les question-tags après **have**, on peut employer **have** ou **do** puisque, comme nous l'avons vu, **have** peut s'employer avec ou sans **do** dans les interrogations. **Do**, de plus en plus fréquemment employé à cause de l'usage américain, est particulièrement courant au passé :

he has a Rolls, hasn't/doesn't he?
il a une Rolls, n'est-ce pas ?

they had a large garden once, hadn't they/didn't they?
ils avaient un grand jardin autrefois, n'est-ce pas ?

Mais après **have got**, on ne peut employer que **have** dans les questions-tags :

he's got a Rolls, hasn't he?
il a une Rolls, n'est-ce pas ?

Remarquez la différence suivante entre l'anglais britannique et l'anglais américain :

have you a minute? – no, I haven't (britannique)
have you a minute? – no, I don't (américain)
tu as une minute? – non

★ L'aspect progressif n'est pas possible avec **have 2** à moins qu'il fasse référence au futur. Ainsi :

they are having a baby

ne signifie en aucun cas 'ils ont un bébé', mais 'ils vont avoir un bébé'. Dans la phrase :

today I'm having the car
aujourd'hui je prends la voiture

am having = type **have 1**.

iv) L'emploi causatif de **have** :

Le verbe **have** est employé dans des constructions du type 'faire faire quelque chose'. Par exemple :

they're having a new porch built
ils se font construire une nouveau porche

could you have these photocopied?
est-ce que vous pouvez faire photocopier cela ?

I'll have it done immediately
je vais le faire faire immédiatement

we'll have to have the loo fixed
il va falloir que nous fassions réparer les W.-C.

what on earth have you had done to your hair?
qu'est-ce qui est arrivé à tes cheveux ?

Remarquez que **get** peut s'employer à la place de **have** dans tous les exemples ci-dessus, sauf le dernier.

★ Dans une construction américaine, l'idée de 'faire faire quelque chose' a en majeure partie disparu :

Mr Braithwaite is here – ah, have him come in
M. Braithwaite est là – ah, faites-le entrer

Ceci équivaut simplement à prier quelqu'un de demander à M. Braithwaite d'entrer.

★ On peut aussi employer le verbe **have** ou **get** avec un complément d'objet direct :

I'll have the kitchen send it up to your room, madam
je vais demander à la cuisine de vous le monter à votre chambre, madame

Notez que **have** est employé sans **to**. Cependant avec **get**, qui a le même sens, on emploi **to** :

I'll get the kitchen to send it up to your room, madam

v) Constructions à la voix passive :

Le verbe **have** s'emploie aussi pour former un type de construction passive, particulièrement pour sous-entendre que le sujet de la phrase a souffert d'une manière ou d'une autre (voir aussi 16 b) :

he's had all his money stolen
il s'est fait voler tout son argent

he's had both his wives killed in car crashes
ses deux femmes se sont fait tuer dans des accidents de voiture

c) *do*

On a déjà vu l'emploi de **do** dans les interrogations et les négations - voir p. 153. Voir p. 238 pour son emploi dans les autres cas d'inversion.

i) Le **do** emphatique :

Dans les phrases qui ne sont ni des interrogations, ni des négations, on peut, pour marquer l'emphase, employer un **do** (que l'on accentue à l'oral) avant le verbe principal :

oh, I do like your new jacket!
oh, j'aime beaucoup ta nouvelle veste !

do try to keep still !
essaye de rester tranquille

he doesn't know any German but he does know a little French
il ne sait pas l'allemand, mais par contre il sait un peu de français

I didn't manage to get tickets for ..., but I did get some for...
je n'ai pas réussi à avoir de billets pour ..., mais par contre, j'en ai pour ...

Et le verbe **do** lui-même peut s'employer avec **do** en tant qu'auxiliaire emphatique :

well, if you don't do that, what do you do?
bon, si tu ne fais pas ça, qu'est-ce que tu fais, alors ?

we don't do much skiing, but what we do do is go hill-walking
nous ne faisons pas beaucoup de ski, mais par contre nous faisons des promenades en montagne

ii) **do** pour remplacer le verbe :

On a déjà donné des exemples de cet emploi dans la section traitant des question-tags (voir p. 151). En voici d'autres exemples :

she never drinks! – oh yes, she does
elle ne boit jamais ! – bien sûr que si

can I help myself to another cream cake? – please do
est-ce que je peux avoir un autre gâteau à la crème ? – je vous
en prie !

do you both agree? – I do, but she doesn't
vous êtes tous les deux d'accord ? – moi oui, mais elle, non

18 Les auxiliaires modaux

Ce sont les auxiliaires **will-would**, **shall-should**, **can-could**, **may-might**, **must-had to**, **ought to**.

a) will-would

Les formes négatives contractées sont **won't-wouldn't**.

i) Pour les phrases au conditionnel voir p. 167.

ii) Pour une étude générale de l'expression du futur, voir p. 162.

iii) Pour exprimer les ordres plutôt qu'un futur pur :

you will do as you are told!
tu feras ce qu'on te dit !

new recruits will report to headquarters on Tuesday at 8.30 am
les jeunes recrues se présenteront au quartier général mardi à 8
heures 30

will you stop that right now! arrête tout de suite !

iv) Pour faire appel, sur un ton plutôt cérémonieux, aux souvenirs
ou aux connaissances de quelqu'un :

**you will recall last week's discussion about the purchase of
a computer**
vous vous souvenez certainement de notre discussion de la
semaine dernière concernant l'achat d'un ordinateur

you will all know that the inspector has completed his report
vous savez certainement tous que l'inspecteur a terminé son
procès-verbal

v) Pour exprimer une supposition, plutôt qu'un futur :

there's the telephone, Mary! – oh, that will be John
le téléphone sonne, Mary ! – oh, ça doit être John

they'll be there by now
ils/elles doivent être arrivé(e)s maintenant

how old is he now? – he'll be about 45
quel âge a-t-il maintenant ? – il doit avoir à peu près 45 ans

vi) Pour insister sur la notion de capacité ou d'inclination naturelle ou inhérente, ou sur la notion de comportement caractéristique, plutôt que pour exprimer un futur :

cork will float on water
le liège flotte sur l'eau

the car won't start
la voiture ne veut pas démarrer

the Arts Centre will hold about 300 people
le centre culturel peut contenir environ 300 personnes

John will sit playing with a matchbox for hours
John peut rester assis à jouer avec une boîte d'allumettes pendant des heures

it's so annoying, he will keep interrupting! (accent sur 'will' à l'oral)
c'est énervant, il n'arrête pas de m'interrompre !

well, if you will drive so fast, what do you expect?
ben ! il fallait t'y attendre, à conduire aussi vite !

De même **would**, pour faire référence au passé :

when he was little, John would sit playing with a matchbox for hours
quand il était petit, John restait assis à jouer avec une boîte d'allumettes pendant des heures

she created a scene in public – she would!
elle a fait une scène en public – c'est bien elle !

vii) Pour poser des questions ou proposer quelque chose :

will you have another cup?
vous en voulez une autre tasse ?

won't you try some of these?
vous ne voulez pas y goûter ?

viii) Pour demander à quelqu'un de faire quelque chose :

will you move your car, please?
est-ce que vous pouvez déplacer votre voiture, s'il vous plaît ?

On peut poser la même question d'une façon légèrement plus polie :

would you move your car, please?
est-ce que vous pourriez déplacer votre voiture, s'il vous plaît ?

ix) Pour exprimer la détermination :

I will not stand for this!
je ne le supporterai pas !

I will be obeyed!
je veux qu'on m'obéisse !

b) *shall-should*

Les formes négatives contractées sont **shan't-shouldn't**.

i) Pour les phrases au conditionnel, voir p. 167.

ii) Pour **should**, équivalent du subjonctif, voir p. 173.

iii) Pour **shall** exprimant le futur, voir p. 162.

iv) (**shall** uniquement) Dans le langage juridique ou officiel, **shall** s'emploie fréquemment pour exprimer une obligation. Ce sens de **shall** est très semblable à celui de **must** :

the committee shall consist of no more than six members
le comité sera constitué de six membres au plus

the contract shall be subject to English law
le contrat sera régi par la loi anglaise

v) (**should** uniquement) obligation (souvent obligation morale) :

you should lose some weight
tu devrais perdre du poids

he shouldn't be allowed to
il ne devrait pas y être autorisé

you really should see this film
tu devrais essayer de voir ce film

is everything as it should be?
est-ce que tout va comme il faut ?

something was not quite as it should be
il y avait quelque chose qui n'allait pas

vi) (**should** uniquement) déduction, probabilité :

it's ten o'clock, they should be back any minute
il est dix heures, ils devraient rentrer d'un moment à l'autre

John should have finished putting up those shelves by now
John devrait avoir fini d'installer ces étagères maintenant

are they there? – I don't know, but they should be
ils/elles sont là ? – je ne sais pas, mais ils/elles devraient

vii) (**should** uniquement) affirmations hésitantes :

I should just like to say that ...
j'aimerais simplement dire que ...

I should hardly think that's right
je ne pense pas que ça soit vrai

will he agree? – I shouldn't think so
est-ce qu'il sera d'accord ? – je ne pense pas

viii) **Should** est souvent employé pour faire référence à la **notion** (par opposition à la **réalité concrète**) d'une action. Cet emploi de **should** est quelquefois qualifié de 'putatif' :

that she should want to take early retirement is quite understandable
il est tout à fait compréhensible qu'elle veuille prendre sa retraite anticipée

Comparez ce dernier exemple avec :

it is quite understandable that she wanted to take early retirement
il est tout à fait compréhensible qu'elle ait voulu prendre sa retraite anticipée

La différence est subtile. Dans le premier cas, la proposition subordonnée est au présent. Dans le second cas, elle est au passé.

Il est important de remarquer que ce **should** est neutre pour ce qui est du temps. Le premier exemple ci-dessus pourrait tout aussi bien faire référence au passé (**she has taken early retirement**) ou au futur (**she will be taking early retirement**) suivant le contexte. Le second exemple ne peut bien sûr que faire référence au passé.

L'emploi putatif de **should** peut être comparé à l'emploi de **should** lorsqu'il est employé après les constructions ou après les verbes impersonnels de suggestion, de souhait ou d'ordre, dont il est question dans la section sur le subjonctif, p. 171.

Dans l'exemple ci-dessus, l'emploi putatif de **should** est apparu dans une proposition subordonnée, mais il peut aussi apparaître dans des propositions principales :

where have I put my glasses? – how should I know?
où est-ce que j'ai mis mes lunettes ? – comment veux-tu que je le sache ?

as we were sitting there, who should walk by but Joan Collins!
nous étions assis, là, et devine qui passe ? ... Joan Collins !

there was a knock at the door, and who should it be but ...
on frappe à la porte, et qui c'est ? ...

c) *can-could*

Les formes négatives contractées de **can-could** sont **can't-couldn't**. La forme négative non contractée au présent est **cannot**.

i) capacité (= be able to) :

I can't afford it	**I can swim**
je ne peux me le permettre	je sais nager

when I was young, I could swim for hours
quand j'étais jeune, je pouvais nager pendant des heures

La troisième phrase fait référence à une capacité passée. Cependant, dans les propositions conditionnelles, **could** + infinitif fait référence au présent et au futur (comparez avec **would** dans la section **Pour Exprimer la Condition** p. 167) :

if you try/tried harder, you could lose weight
si tu faisais plus d'efforts, tu arriverais à perdre du poids

ii) permission :

can/could I have a sweet?   je peux avoir un bonbon ?

Remarquez que **could** fait autant référence au présent ou au futur que **can**. La seule différence est que **could** est un peu plus hésitant ou poli. Cependant, **could** peut quelquefois s'employer pour exprimer une permission au passé lorsque le contexte est incontestablement passé :

for some reason we couldn't smoke in the lounge yesterday; but today we can
pour une raison ou une autre, nous ne pouvions pas fumer dans le salon hier, mais aujourd'hui nous pouvons

Il existe souvent une légère nuance de sens entre **can** et **may** lorsqu'ils signifient 'avoir le droit de', dans la mesure où **can** est moins cérémonieux que **may**.

iii) possibilité :

what shall we do tonight? – well, we can/could watch a film
qu'est-ce qu'on va faire ce soir ? – ben ... on pourrait voir un film

Là encore, on peut remarquer que **could** ne fait pas référence au passé mais au présent ou au futur. Pour faire référence au passé, on doit employer **could** suivi de l'infinitif passé :

instead of going to the pub, we could have watched a film
au lieu d'aller au pub, nous aurions pu voir un film

I could have (could've) gone there if I'd wanted to, but I didn't
j'aurais pu y aller si j'avais voulu, mais je ne voulais pas

Il y a quelquefois une différence importante entre **can** et **may**
quant à la façon dont ils font référence à la possibilité : **can**
exprime fréquemment la possibilité logique pure et simple,
tandis que **may** sous-entend souvent l'incertitude, le hasard ou
un certain degré de probabilité d'un événement :

(a) **your comments can be overheard**
on peut entendre vos remarques

(b) **your comments may be overheard**
on pourrait entendre vos remarques

Dans (a) on dit qu'il est possible d'entendre les remarques, par
exemple parce qu'elles sont faites à voix très haute, qu'il soit ou
non probable que quelqu'un les entende effectivement. Dans (b)
on dit qu'il est dans une certaine mesure probable que
quelqu'un entende effectivement les remarques.

On peut aussi voir la différence dans les propositions à la forme
négative :

he can't have heard us (= it is impossible for him to have
heard us)
il ne peut pas nous avoir entendus

he may not have heard us (= it is possible that he did not hear
us)
il se peut qu'il ne nous ait pas entendus

iv) suggestions (**could** uniquement) :

you could always try Marks & Spencers
tu peux toujours essayer à Marks & Spencers

he could express himself more clearly
il pourrait s'exprimer plus clairement

Cette construction peut parfois traduire une sorte de reproche :

you could have let us know!   **he could have warned us!**
tu aurais pu nous le dire !   il aurait pu nous prévenir !

d) *may-might*

La forme négative contractée **mayn't** exprimant la permission
négative, c'est-à-dire l'interdiction, disparaît progressivement et est
remplacée par **may not** ou **must not/mustn't** ou encore **can't**. La
forme négative contractée de **might** est **mightn't**, mais elle n'est
pas employée pour exprimer l'interdiction.

i) permission :

you may sit down (comparer avec **can** dans c) ii) ci-dessus, ici langage plutôt soutenu) vous pouvez vous asseoir

may I open a window? – no, you may not!
est-ce que je peux ouvrir une fenêtre ? – non, pas question

you must not/mustn't open the windows in here
tu ne dois pas ouvrir les fenêtres ici

Il est extrêmement poli d'employer **might** pour exprimer la permission :

I wonder if I might have another wee glass of sherry
pourrais-je avoir un autre petit verre de sherry ?

might I suggest we adjourn the meeting?
puis-je me permettre de suggérer que nous ajournions la réunion ?

Notez que **might** fait référence au présent et au futur, et fait très rarement référence au passé lorsqu'il est employé dans une proposition principale. Comparez :

he then asked if he might smoke (langage plutôt soutenu)
he then asked if he was allowed to smoke
il a alors demandé s'il pouvait fumer

et : **he wasn't allowed to smoke**
il n'avait pas le droit de fumer, il ne pouvait pas fumer

On ne peut pas employer **might** dans le dernier exemple. On ne peut employer **might** comme passé dans une principale que dans certains cas spéciaux :

in those days we were told not to drink; nor might we smoke or be out after 10 o'clock
en ce temps-là, nous n'avions pas le droit de boire, pas plus que de fumer ou de rentrer après dix heures

Une manière plus courante et moins littéraire de formuler cette phrase serait :

in those days we were told not to drink; nor were we allowed to smoke or be out after 10 o'clock

ii) possibilité :

it may/might rain   **they may/might be right**
il pleuvra, peut-être   il se peut qu'ils aient raison

it mayn't/mightn't be so easy as you think
ce ne sera peut-être pas aussi facile que vous le pensez

she may/might have left already
elle est peut-être déjà partie

Might exprime généralement un moindre degré de possibilité.

Remarquez la tournure idiomatique :

and who may/might you be?
à qui ai-je l'honneur ?

dans laquelle l'emploi de **may/might** introduit une nuance de surprise, d'amusement ou peut-être d'ennui dans la question :

and who may/might you be to give out orders?
et pour qui est-ce que tu te prends pour donner des ordres ?

iii) Notez l'emploi de **might** pour formuler des suggestions :

you might help me dry the dishes
tu pourrais m'aider à essuyer la vaisselle

well, you might at least try!
tu pourrais au moins essayer, enfin !

you might have a look at chapter 2 for next Wednesday
vous voudrez bien lire le chapitre 2 pour mercredi prochain

he might be a little less abrupt
il pourrait être un peu moins brusque

L'usage suivant exprime souvent une pointe de reproche :

you might have warned us what would happen!
vous auriez pu nous prévenir de ce qui allait se produire !

he might have tried to stop it!
il aurait pu essayer d'arrêter cela !

iv) souhaits :

may the best man win!
que le meilleur gagne !

may you be forgiven for telling such lies!
que le Bon Dieu te pardonne de dire de tels mensonges !

might I be struck dumb if I tell a lie!
que le diable m'emporte si je mens !

Cet usage est normalement réservé à des expressions consacrées (comme dans les deux premiers exemples) ou considérées comme étant d'un style quelque peu ampoulé ou littéraire (comme dans le dernier).

e) *must-had to*

i) obligation :

you must try harder
tu dois faire un effort

we must park the car here and walk the rest of the way
il faut que nous garions la voiture ici et que nous fassions le
reste du chemin à pied

Remarquez que l'on emploie **had to** pour le passé. On ne peut
employer **must** pour le passé qu'au discours indirect, et même
alors **had to** est beaucoup plus courant :

**you said the other day that you had to/must clean out the
garden shed**
tu as dit l'autre jour qu'il faudrait que tu nettoies la cabane du
jardin

On peut aussi employer **have to**, ou **have got to** dans un niveau
de langue moins soutenu, au présent. La différence entre **must**
et **have (got) to** réside généralement dans le fait que **must**
exprime des sentiments personnels d'obligation ou de contrainte
tandis que **have (got) to** exprime une obligation extérieure.
Comparez :

I must go and visit my friend in hospital
il faut que je rende visite à mon amie à l'hôpital (= je pense
qu'il est nécessaire que j'y aille)

you must go and visit your friend in hospital
il faut que tu rendes visite à ton ami à l'hôpital (je pense qu'il
est nécessaire que tu y ailles)

I have (got) to be at the hospital by 4 pm
je dois être à l'hôpital pour 4 heures de l'après-midi (c'est-à-
dire j'y ai un rendez-vous)

ii) négations :

Les tournures négatives exigent une vigilance toute particulière.
On ne peut employer **must not/mustn't** que pour exprimer
l'interdiction (= une obligation de ne pas faire quelque chose) :

we mustn't park the car here (= we're not allowed to park here)
nous ne devons pas nous garer ici (= nous n'avons pas le droit de
nous garer ici)

you mustn't take so many pills (= do not take so many pills)
il ne faut pas que tu prennes autant de cachets

Mais si l'obligation négative signifie, non pas par exemple qu'il est interdit de faire quelque chose, mais qu'il n'est pas nécessaire ou obligatoire de faire quelque chose, alors ont doit employer **don't have to** ou **haven't got to** :

we don't have to park here, we could always drive a little further
nous ne sommes pas obligés de nous garer ici, nous pourrions aller un peu plus loin

you don't have to take so many pills (= you needn't take ...)
tu n'as pas besoin de prendre autant de comprimés

we haven't got to be there before 9
nous n'avons pas besoin d'y être avant neuf heures

iii) déduction, probabilité :

if they're over 65, they must be old age pensioners
s'ils ont plus de 65 ans, ils doivent être retraités

you must be joking!
tu veux rire !

they must have been surprised to see you
ils ont dû être surpris de te voir

Have to s'emploie souvent dans ce sens :

you have to be kidding!
c'est une blague !

de même que **have got to**, en anglais britannique en particulier :

well if she said so, it's got to be true (it's = it has)
si elle l'a dit, c'est que c'est vrai

A la forme négative, on emploie **can** :

he can't be that old!
il ne peut pas être si vieux que ça !

f) *ought to*

La forme négative contractée de **ought to** est **oughtn't to**, et l'infinitif placé après **ought** est précédé de **to**, ce qui n'est pas le cas des autres auxiliaires modaux.

i) obligation :

Ought to et **should**, lorsqu'ils expriment l'obligation, ont des significations similaires :

you oughtn't to speak to her like that
tu ne devrais pas lui parler de cette façon

I ought to be going now
il faudrait que je m'en aille maintenant

I know I really ought (to), but I don't want to
je sais bien que je devrais, mais je n'en ai pas envie

ii) déduction, probabilité :

they ought to have reached the summit by now
ils devraient avoir atteint le sommet maintenant

20 square metres? – that ought to be enough
20 mètres carrés ? – ça devrait suffire

Comparez la différence entre **ought to** et **must** dans la phrase suivante :

if they possess all these things, they must be rich
(déduction logique)
ils doivent être riches s'ils possèdent tout ça

if they possess all these things, they ought to be happy
(prévision ou probabilité logique - ou obligation morale)
ils devraient être heureux s'ils possèdent tout ça

g) *used to*

Puisqu'il est possible de former des phrases interrogatives et négatives contenant **used to** sans employer **do**, certains considèrent **used to** comme une sorte de semi-auxiliaire. Cependant, l'emploi de **do** est au moins aussi courant que le fait de l'omettre :

he used not/usedn't to visit us so often
he didn't use to visit us so often
(autrefois), il ne nous rendait pas visite aussi souvent

A la forme interrogative, la forme sans **do** est moins courante et appartient davantage au langage écrit qu'au langage parlé :

used you to live abroad?
did you use to live abroad?
est-ce que vous habitiez à l'étranger (autrefois) ?

On emploie souvent **never** à la place de **not** :

he never used to visit us so often
(autrefois), il ne nous rendait pas visite aussi souvent

Used to exprime une action habituelle dans le passé, mais sans cependant exprimer l'idée de comportement typique ou caractéristique que traduirait **would**, voir (a) vi) ci-dessus :

John used to play badminton when he was younger
John jouait au badminton lorsqu'il était plus jeune

I used to live abroad
autrefois, je vivais à l'étranger

do you smoke? – I used to
est-ce que tu fumes ? – plus maintenant

19 Dare, need

Ces verbes peuvent se comporter soit comme des verbes ordinaires, soit comme des auxiliaires modaux. Lorsqu'ils sont auxiliaires :

– ils ne prennent pas de **-s** à la troisième personne du singulier du présent

– on n'emploie pas **do** dans les phrases interrogatives ou négatives

– s'ils sont suivis d'un infinitif, celui-ci n'est pas précédé de **to**.

a) *Lorsqu'ils sont verbes ordinaires*

he didn't dare to speak
il n'osait pas parler/il n'a pas osé parler

does he really dare to talk openly about it?
est-ce qu'il ose vraiment en parler ouvertement ?

I dare you   **he needs some money**
je t'en défie   il a besoin d'argent

you don't need to pay for them now
ce n'est pas la peine que tu les paies maintenant

all he needs to do now is buy the tickets
tout ce qu'il a à faire maintenant, c'est d'acheter les billets

Cependant, **dare** peut être en partie un verbe ordinaire (par exemple avec **do** dans les phrases interrogatives ou négatives) et en partie un auxiliaire (suivi d'un infinitif sans **to**) :

does he really dare talk openly about it?
est-ce qu'il ose vraiment en parler ouvertement ?

mais on doit employer l'infinitif avec **to** après le participe présent :

not daring to speak to her, he quietly left the room
n'osant pas lui parler, il sortit de la pièce silencieusement

Dans les propositions **principales** à la forme affirmative (c'est-à-dire les propositions principales qui ne sont ni interrogatives ni négatives), **need** ne peut qu'avoir le statut de verbe ordinaire :

the child needs to go to the toilet
l'enfant a besoin d'aller aux toilettes

b) *Lorsqu'ils sont auxiliaires modaux*

he dared not speak
il n'osait pas parler/il n'a pas osé parler

dare he talk openly about it?
est-ce qu'il ose en parler ouvertement ?

this is as much as I dare spend on it
je ne peux pas me permettre de dépenser plus

you needn't pay for them right now
ce n'est pas la peine que tu les paies maintenant

need I pay for this now?
est-ce qu'il faut que je paie ça maintenant ?

all he need do now is buy the tickets
tout ce qu'il a à faire maintenant, c'est d'acheter les billets

Notez que **I dare say** = 'probablement' :

I dare say he's going to fail
il va probablement échouer

is it going to rain, do you think? – I dare say it will
est-ce que tu crois qu'il va pleuvoir ? – probablement

20 Les verbes composés

a) *Les verbes composés inséparables*

i) Il est important de faire une distinction entre un 'verbe +
préposition introduisant un complément' ((a) et (c) ci-dessous)
et un 'verbe composé + complément d'objet direct' ((b) et (d)).
Dans le dernier cas, la préposition fonctionne comme une
particule faisant partie du verbe, c'est-à-dire comme un
prolongement du verbe. Comparez les deux phrases :

    (a) **they danced after dinner**   ils ont dansé après le dîner

    (b) **they looked after the child**   ils se sont occupé de l'enfant

Au premier abord, ces deux phrases semblent avoir la même
structure, et cependant, lorsqu'on y regarde de plus près, on se
rend compte que les deux mots **look after** forment une seule
unité verbale (comparez avec **they nursed the child** ils ont
soigné l'enfant), tandis que cela n'est pas le cas pour **danced
after** : **after dinner** est un complément introduit par une
préposition distincte du verbe et qui fonctionnent comme groupe
adverbial de temps dans (a), tandis que **the child** est le
complément d'objet direct de **look after** dans (b). On peut
observer la même différence dans les deux exemples suivants :

    (c) **they went through Germany**
        ils sont passés par l'Allemagne

    (d) **they went through the accounts** (= examined)
        ils ont examiné la comptabilité

ii) **Look after** et **go through** (= examiner) sont des verbes
composés. Ceux-ci sont souvent très idiomatiques, c'est-à-dire
qu'on ne peut pas déduire leur sens du sens des différents
éléments qui les composent, car ceux-ci peuvent rarement se
traduire littéralement. Voici d'autres exemples :

go by (= suivre – des instructions)
pick on (= chercher querelle à, s'en prendre à)
get at (= attaquer ; graisser la patte à)

you can't do your own thing; you have to go by the book
tu ne peux pas faire ce que tu veux ; il faut agir selon les règles

the teacher's always picking on him
le professeur s'en prend toujours à lui

my mother is always getting at me
ma mère est toujours sur mon dos

I'm sure the jury have been got at
je suis sûr qu'on a graissé la patte au jury

iii) Certaines structures que l'on pourrait former avec un verbe +
préposition introduisant un complément ne peuvent en aucun cas
être formées avec les verbes composés. Par exemple, les
interrogations avec les verbes composés admettent l'emploi des
pronoms **who** et **what**, mais pas l'emploi des adverbes **where,
when, how** :

they looked after the girl/who(m) did they look after?
ils se sont occupé de la petite fille/de qui se sont-ils occupé ?

they went through the accounts/what did they go through?
ils ont examiné la comptabilité/qu'est-ce qu'ils ont examiné ?

**the police officer grappled with the thug/who(m) did he
grapple with?**
l'agent de police a lutté avec le voyou/avec qui a-t-il lutté ?

Mais les interrogations **where did they look?/where did they
go?/how** (ou **where**) **did he grapple?** n'ont aucun sens. Par
contre le verbe + préposition introduisant un complément admet
souvent des interrogations introduites par un adverbe :

they went through Germany/where did they go?
ils sont passés par l'Allemagne/par où est-ce qu'ils sont passés ?

they worked with great care/how did they work?
ils ont travaillé avec beaucoup de soin/comment ont-ils travaillé ?

they danced after dinner/when did they dance?
ils ont dansé après le dîner/quand ont-ils dansé ?

iv) Un verbe composé étant considéré comme une seule unité, on
peut souvent (mais pas toujours) l'employer dans une
construction passive :

the child has been looked after very well indeed
on s'est vraiment très bien occupé de l'enfant

the accounts have been gone through
la comptabilité a été examinée

do you feel you're being got at?
est-ce que tu as l'impression que tout le monde est après toi ?

On ne peut pas employer le passif avec un verbe + préposition
introduisant un complément. On ne peut pas dire **the dinner
was danced after** ou **great care has been worked with**.

b) *Les verbes composés séparables*

i) Une différence importante entre les verbes composés inséparables et les verbes composés séparables réside dans la possibilité qu'ont les verbes composés séparables d'admettre un complément d'objet direct avant la particule :

look up these words/look these words up
cherche ces mots (dans le dictionnaire)

turn down the television/turn the television down
baisse la télévision

have you switched on the computer?/have you switched the computer on?
est-ce que tu as mis l'ordinateur en marche ?

have you tried on any of their new line of shoes?/have you tried any of their new line of shoes on?
est-ce que tu as essayé leurs nouveaux modèles de chaussures ?

Et si le complément d'objet direct est un pronom, la particule **doit** être placée après celui-ci :

look them up/turn it down/switch it on
cherche-les/baisse-la/mets-le en marche

ii) Tandis que les verbes composés inséparables sont toujours transitifs (lorsqu'on les considère comme unités complètes), certains verbes composés séparables sont toujours transitifs et d'autres peuvent être transitifs ou intransitifs :

back up (= soutenir - seulement transitif) :
he always backs her up
il la soutient toujours

cool down (= faire refroidir - transitif) :
cool the rolls down in the fridge
fais refroidir les petits pains dans le frigidaire

cool down (= se refroidir - intransitif) :
let the rolls cool down
laisse les petits pains refroidir

iii) Avec les verbes composés séparables, la particule ne peut pas précéder un pronom relatif, alors que cela est la seule position possible avec les verbes composés inséparables. Nous pouvons ainsi dire :

this is a man on whom you can rely
c'est un homme sur lequel vous pouvez compter

parce que **rely on** est un verbe composé inséparable, tandis qu'on ne peut en aucun cas dire :

this is his wife up whom he has always backed

car **back up** est un verbe composé séparable.

iv) Comme de nombreux verbes composés inséparables (voir a) ii) ci-dessus), de nombreux verbes composés séparables sont très idiomatiques :

square up (= régler - des dettes, etc.)
bring round (= faire reprendre connaissance à ; convertir à un point de vue)
set back (= coûter - de l'argent à quelqu'un) :

if you pay now, we can square up later
si tu payes maintenant, nous pourrons régler nos comptes plus tard

give him a brandy; that'll bring him round
donne-lui un cognac, ça lui fera reprendre connaissance

do you think anything will bring him round to our point of view?
est-ce que tu crois qu'on pourrait l'amener à penser comme nous ?

that car must have set you back at least £10,000
cette voiture doit vous avoir coûté au moins 10 000 livres

c) *Les verbes composés seulement intransitifs*

Il y a aussi des verbes composés intransitifs (qui ne sont bien entendu jamais séparables) :

poor people often lose out
les pauvres sont souvent perdants

the entire species is on the verge of dying out
l'espèce entière est sur le point de disparaître

A la différence des verbes composés inséparables, ces verbes n'ont jamais de forme passive.

d) *Les verbes composés, transitifs, jamais séparables, à complémentation*

Ils sont composés de trois mots et non pas deux, par exemple :

come up with   trouver, concocter

Avec ces verbes, le complément d'objet ne peut jamais séparer le verbe et ses particules, c'est-à-dire que des phrases du type **have you come it up with?** sont impossibles. Le complément d'objet direct doit suivre la dernière particule.

we've come up with a great solution
nous avons trouvé une solution idéale

Les deux particules ne peuvent pas non plus précéder un pronom relatif. Ainsi on dira :

is there anything else (which) you can come up with?
est-ce que tu peux trouver quelque chose d'autre ?

Mais on ne peut PAS mettre les deux particules avant un pronom relatif comme dans la phrase (agrammaticale) : **is there anything else up with which you can come?**

Autres exemples de verbes composés, transitifs, jamais séparables, à complémentation (idiomatiques) :

make off with (voler)
make up to (essayer de se faire bien voir par)
live up to (se montrer à la hauteur de)
stand up for (prendre le parti de)
crack down on (sévir contre)

somebody made off with her suitcase
quelqu'un lui a volé sa valise

this is the teacher Fiona has been making up to throughout term, but her marks are no better
c'est le professeur dont Fiona a essayé de se faire bien voir tout le trimestre, mais ses notes n'en sont pas meilleures pour autant

it was difficult for him to live up to this reputation
il lui était difficile d'être à la hauteur de cette réputation

why didn't you stand up for me if you knew I was right?
pourquoi est-ce que tu n'as pas pris mon parti si tu savais que j'avais raison ?

every Christmas police crack down on drink-and-drive offenders
chaque année à Noël la police sévit contre ceux qui prennent le volant après avoir bu

21 Le temps au discours indirect

Le discours indirect permet de rapporter les paroles de quelqu'un. La concordance des temps en anglais dans le discours indirect a les mêmes caractéristiques qu'en français :

Henry said/had said, 'I am unhappy' (direct)
Henry a dit/avait dit : 'je suis malheureux'

Henry said/had said (that) he was unhappy (indirect)
Henry a dit/avait dit qu'il était malheureux

22 Liste des verbes irréguliers

Les américanismes sont indiqués par *. Les formes peu courantes, archaïques ou littéraires sont données entre parenthèses. Les traductions ci-dessous ne sont pas restrictives et ne donnent qu'un des sens de base.

Infinitif		Prétérit	Participe Passé
abide	(*supporter*)	**(abode)** [1]	**abided**
arise	(*surgir*)	**arose**	**arisen**
awake	(*s'éveiller*)	**awoke, awaked**	**awoken, (awaked)**
bear	(*porter*)	**bore**	**borne** [2]
beat	(*battre*)	**beat**	**beaten** [3]
become	(*devenir*)	**became**	**become**
befall	(*arriver*)	**befell**	**befallen**
beget	(*engendrer*)	**begot**	**begotten**
begin	(*commencer*)	**began**	**begun**
behold	(*apercevoir*)	**beheld**	**beheld**
bend	(*courber*)	**bent**	**bent** [4]
bereave	(*priver*)	**bereaved**	**bereft** [5]
beseech	(*implorer*)	**besought**	**besought**
bestride	(*chevaucher*)	**bestrode**	**bestridden**
bet	(*parier*)	**bet, betted**	**bet, betted**
bid	(*offrir*)	**bid**	**bid**
bid	(*commander*)	**bade**	**bidden**
bind	(*attacher*)	**bound**	**bound**
bite	(*mordre*)	**bit**	**bitten**
bleed	(*saigner*)	**bled**	**bled**
blow	(*souffler*)	**blew**	**blown**
break	(*casser*)	**broke**	**broken** [6]
breed	(*élever*)	**bred**	**bred**
bring	(*apporter*)	**brought**	**brought**
broadcast	(*diffuser*)	**broadcast**	**broadcast**
build	(*construire*)	**built**	**built**
burn	(*brûler*)	**burnt, burned**	**burnt, burned**
burst	(*éclater*)	**burst**	**burst**
buy	(*acheter*)	**bought**	**bought**
cast	(*jeter*)	**cast**	**cast**
catch	(*attraper*)	**caught**	**caught**
chide	(*gronder*)	**chid, chided**	**chid, (chidden), chided**
choose	(*choisir*)	**chose**	**chosen**
cleave	(*fendre*)	**clove, cleft,**	**cloven, cleft** [7]
cleave	(*adhérer*)	**cleaved, (clave)**	**cleaved**
cling	(*s'accrocher à*)	**clung**	**clung**
clothe	(*habiller*)	**clothed, (clad)**	**clothed, (clad)**

Infinitif		Prétérit	Participe Passé
come	(*venir*)	**came**	**come**
cost	(*coûter*)	**cost**	**cost**
creep	(*ramper*)	**crept**	**crept**
crow	(*chanter*)	**crowed, (crew)**	**crowed**
cut	(*couper*)	**cut**	**cut**
dare	(*oser*)	**dared, (durst)**	**dared, (durst)**
deal	(*traiter*)	**dealt**	**dealt**
dig	(*fouiller*)	**dug**	**dug**
dive	(*plonger*)	**dived, dove***	**dived**
draw	(*dessiner, tirer*)	**drew**	**drawn**
dream	(*rêver*)	**dreamt, dreamed**	**dreamt, dreamed**
drink	(*boire*)	**drank**	**drunk** [8]
drive	(*conduire*)	**drove**	**driven**
dwell	(*demeurer*)	**dwelt, dwelled**	**dwelt, dwelled**
eat	(*manger*)	**ate**	**eaten**
fall	(*tomber*)	**fell**	**fallen**
feed	(*nourrir*)	**fed**	**fed**
feel	(*sentir*)	**felt**	**felt**
fight	(*battre*)	**fought**	**fought**
find	(*trouver*)	**found**	**found**
fit	(*aller à*)	**fit*, fitted**	**fit*, fitted**
flee	(*s'envoler*)	**fled**	**fled**
fling	(*lancer*)	**flung**	**flung**
fly	(*voler*)	**flew**	**flown**
forbear	(*s'abstenir*)	**forbore**	**forborne**
forbid	(*interdire*)	**forbad(e)**	**forbidden**
forget	(*oublier*)	**forgot**	**forgotten**
forgive	(*pardonner*)	**forgave**	**forgiven**
forsake	(*abandonner*)	**forsook**	**forsaken**
freeze	(*geler*)	**froze**	**frozen**
get	(*obtenir*)	**got**	**got, gotten*** [9]
gild	(*dorer*)	**gilt, gilded**	**gilt, gilded** [10]
gird	(*ceindre*)	**girt, girded**	**girt, girded** [10]
give	(*donner*)	**gave**	**given**
go	(*aller*)	**went**	**gone**
grind	(*grincer*)	**ground**	**ground**
grow	(*pousser*)	**grew**	**grown**
hang	(*pendre*)	**hung, hanged** [11]	**hung, hanged** [11]
hear	(*entendre*)	**heard**	**heard**
heave	(*lever*)	**hove, heaved** [12]	**hove, heaved** [12]
hew	(*tailler*)	**hewed**	**hewn, hewed**
hide	(*cacher*)	**hid**	**hidden**
hit	(*frapper*)	**hit**	**hit**
hold	(*tenir*)	**held**	**held**

Infinitif		Prétérit	Participe Passé
hurt	(blesser)	hurt	hurt
keep	(garder)	kept	kept
kneel	(s'agenouiller)	knelt, kneeled	knelt, kneeled
knit	(tricoter)	knit, knitted [13]	knit, knitted [13]
know	(savoir, connaître)	knew	known
lay	(coucher)	laid	laid
lead	(mener)	led	led
lean	(s'appuyer)	leant, leaned	leant, leaned
leap	(sauter)	leapt, leaped	leapt, leaped
learn	(apprendre)	learnt, learned	learnt, learned
leave	(laisser)	left	left
lend	(prêter)	lent	lent
let	(laisser)	let	let
lie	(coucher)	lay	lain
light	(allumer)	lit, lighted	lit, lighted [14]
lose	(perdre)	lost	lost
make	(faire)	made	made
mean	(signifier)	meant	meant
meet	(rencontrer)	met	met
melt	(fondre)	melted	melted, molten [15]
mow	(faucher)	mowed	mown, mowed
pay	(payer)	paid	paid
plead	(plaider)	pled*, pleaded	pled*, pleaded [16]
put	(poser)	put	put
quit	(quitter)	quit, (quitted)	quit (quitted) [17]
read	(lire)	read	read
rend	(déchirer)	rent	rent
rid	(débarrasser)	rid (ridded)	rid
ride	(monter à)	rode	ridden
ring	(sonner)	rang	rung
rise	(se lever)	rose	risen
run	(courir)	ran	run
saw	(scier)	sawed	sawn, sawed
say	(dire)	said	said
see	(voir)	saw	seen
seek	(chercher)	sought	sought
sell	(vendre)	sold	sold
send	(envoyer)	sent	sent
set	(mettre)	set	set
sew	(coudre)	sewed	sewn, sewed
shake	(secouer)	shook	shaken
shear	(tondre)	sheared	shorn, sheared [18]
shed	(perdre)	shed	shed
shine	(briller)	shone [19]	shone [19]

Infinitif		Prétérit	Participe Passé
shoe	*(chausser)*	**shod, shoed**	**shod, shoed** [20]
shoot	*(abattre, tirer)*	**shot**	**shot**
show	*(montrer)*	**showed**	**shown, showed**
shrink	*(rétrécir)*	**shrank, shrunk**	**shrunk, shrunken** [21]
shut	*(fermer)*	**shut**	**shut**
sing	*(chanter)*	**sang**	**sung**
sink	*(couler)*	**sank**	**sunk, sunken** [22]
sit	*(s'asseoir)*	**sat**	**sat**
slay	*(tuer)*	**slew**	**slain**
sleep	*(dormir)*	**slept**	**slept**
slide	*(glisser)*	**slid**	**slid**
sling	*(lancer)*	**slung**	**slung**
slink	*(s'en aller furtivement)*	**slunk**	**slunk**
slit	*(fendre)*	**slit**	**slit**
smell	*(sentir)*	**smelt, smelled**	**smelt, smelled**
smite	*(frapper)*	**smote**	**smitten** [23]
sneak	*(entrer, etc. à la dérobée)*	**snuck*, sneaked**	**snuck*, sneaked**
sow	*(semer)*	**sowed**	**sown, sowed**
speak	*(parler)*	**spoke**	**spoken**
speed	*(aller vite)*	**sped, speeded**	**sped, speeded**
spell	*(écrire)*	**spelt, spelled**	**spelt, spelled**
spend	*(dépenser)*	**spent**	**spent**
spill	*(renverser)*	**spilt, spilled**	**spilt, spilled**
spin	*(filer)*	**spun**	**spun**
spit	*(cracher)*	**spat, spit***	**spat, spit***
split	*(se briser)*	**split**	**split**
spoil	*(abîmer)*	**spoilt, spoiled**	**spoilt, spoiled**
spread	*(étendre)*	**spread**	**spread**
spring	*(bondir)*	**sprang**	**sprung**
stand	*(se tenir)*	**stood**	**stood**
steal	*(voler)*	**stole**	**stolen**
stick	*(enfoncer, coller)*	**stuck**	**stuck**
sting	*(piquer)*	**stung**	**stung**
stink	*(puer)*	**stank**	**stunk**
strew	*(répandre)*	**strewed**	**strewn, strewed**
stride	*(avancer à grands pas)*	**strode**	**stridden**
strike [24]	*(frapper)*	**struck**	**struck, stricken**
string	*(enfiler)*	**strung**	**strung**
strive	*(s'efforcer)*	**strove**	**striven**

Infinitif		Prétérit	Participe Passé
swear	(*jurer*)	**swore**	**sworn**
sweat	(*suer*)	**sweat***, **sweated**	**sweat***, **sweated**
sweep	(*balayer*)	**swept**	**swept**
swell	(*gonfler*)	**swelled**	**swollen**, **swelled** [25]
swim	(*nager*)	**swam**	**swum**
swing	(*se balancer*)	**swung**	**swung**
take	(*prendre*)	**took**	**taken**
teach	(*enseigner*)	**taught**	**taught**
tear	(*déchirer*)	**tore**	**torn**
tell	(*dire*)	**told**	**told**
think	(*penser*)	**thought**	**thought**
thrive	(*fleurir*)	**thrived**, (**throve**)	**thrived**, (**thriven**)
throw	(*jeter*)	**threw**	**thrown**
thrust	(*pousser*)	**thrust**	**thrust**
tread	(*marcher*)	**trod**	**trodden**
understand	(*comprendre*)	**understood**	**understood**
undertake	(*s'engager*)	**undertook**	**undertaken**
wake	(*se réveiller*)	**woke**, **waked**	**woken**, **waked**
wear	(*porter*)	**wore**	**worn**
weave	(*tisser*)	**wove** [26]	**woven** [26]
weep	(*pleurer*)	**wept**	**wept**
wet	(*mouiller*)	**wet***, **wetted** [27]	**wet***, **wetted** [27]
win	(*gagner*)	**won**	**won**
wind	(*remonter*)	**wound**	**wound**
wring	(*tordre*)	**wrung**	**wrung**
write	(*écrire*)	**wrote**	**written**

(1) Régulier dans la construction **abide by** 'se conformer à, suivre' : **they abided by the rules**.

(2) Mais **born** au passif = 'né' ou comme un adjectif : **he was born in France/a born gentleman**.

(3) Remarquez la forme familière **this has me beat/you have me beat there** *cela me dépasse/tu m'as posé une colle* et **beat** dans le sens de 'très fatigué, épuisé' : **I am (dead) beat**.

(4) Remarquez la phrase **on one's bended knees** *à genoux*.

(5) Mais **bereaved** dans le sens de 'endeuillé' comme dans **the bereaved received no compensation** *la famille du disparu ne reçut aucune compensation*. Comparez : **he was bereft of speech** *il en perdit la parole*.

(6) Mais **broke** quand il s'agit d'un adjectif = 'fauché' : **I'm broke**.

(7) **cleft** n'est employé qu'avec le sens de 'coupé en deux'. Remarquez **cleft palate** *palais fendu* et **(to be caught) in a cleft stick** *(être) dans une impasse*, mais **cloven foot/hoof** *sabot fendu*.

(8) Quand c'est un adjectif placé avant le nom, **drunken** 'ivre, ivrogne' est parfois employé (**a lot of drunk(en) people** *beaucoup de gens ivres*) et il **doit** toujours être employé devant les noms représentant des objets inanimés (**one of his usual drunken parties** *une de ses nombreuses soirées bien arrosées*.

(9) Mais **have got to** se dit aussi en américain avec le sens de 'devoir, être obligé de' : **a man has got to do what a man has got to do** *un homme doit faire ce qu'il doit faire*. Comparez avec : **she has gotten into a terrible mess** *elle s'est fourrée dans une sale situation*.

(10) Les formes du participe passé **gilt** et **girt** sont très couramment employées comme adjectif placé avant le nom : **gilt mirrors** *des miroirs dorés*, **a flower-girt grave** *une tombe entourée de fleurs* (mais toujours **gilded youth** *la jeunesse dorée*, dans lequel **gilded** signifie 'riche et bienheureux').

(11) Régulier quand il a le sens de 'mettre à mort par pendaison'.

(12) **Hove** est employé dans le domaine nautique comme dans la phrase **heave into sight** : **just then Mary hove into sight** *et Mary pointa à l'horizon/apparut*.

(13) Irrégulier quand il a le sens de 'unir' (**a close-knit family** *une famille unie*), mais régulier lorsqu'il a le sens de 'fabriquer en laine' et quand il fait référence aux os = 'se souder'.

(14) Lorsque le participe passé est employé comme un adjectif devant un nom, **lighted** est souvent préféré à **lit** : **a lighted match** *une allumette allumée* (mais : **the match is lit, she has lit a match** *l'allumette est allumée, elle a allumé une allumette*). Dans les noms composés, on emploie généralement **lit** : **well-lit streets** *des rues bien éclairées*. Au sens figuré (avec **up**), **lit** uniquement est employé au prétérit et au participe passé : **her face lit up when she saw me** *son visage s'illumina lorsqu'elle me vit*.

(15) On emploie **molten** uniquement comme un adjectif devant les noms, et seulement lorsqu'il signifie 'fondu à une très haute température', par exemple : **molten lead** *du plomb fondu* (mais **melted butter** *du beurre fondu*).

(16) En anglais d'Ecosse et en américain, on emploie **pled** au passé et au participe passé.

(17) En américain, les formes régulières ne sont pas employées, et elles sont de plus en plus rares en anglais britannique.

(18) Le participe passé est normalement **shorn** devant un nom (**newly-shorn lambs** *des agneaux tout juste tondus*) et toujours dans la phrase **(to be) shorn of** *(être) privé de* : **shorn of his riches he was nothing** *privé de ses richesses, il n'était plus rien*.

(19) Mais régulier quand il a le sens de 'cirer, astiquer' en américain.

(20) Quand c'est un adjectif, on n'emploie que **shod** : **a well-shod foot** *un pied bien chaussé*.

(21) **Shrunken** n'est employé que lorsqu'il est adjectif : **shrunken limbs/her face was shrunken** *des membres rabougris/son visage était ratatiné*.

(22) **Sunken** n'est employé que comme un adjectif : **sunken eyes** *des yeux creux*.

(23) Verbe archaïque dont le participe passé **smitten** s'emploie encore comme adjectif : **he's completely smitten with her** *il est complètement fou d'elle*.

(24) **Stricken** n'est utilisé que dans le sens figuré (**a stricken family/ stricken with poverty** *une famille accablée/accablée par la pauvreté*). Il est très courant dans les noms composés (accablé par) : **poverty-stricken**, **fever-stricken**, **horror-stricken** (aussi **horror-struck**), **terror-stricken** (aussi **terror-struck**), mais on dit toujours **thunderstruck** *frappé par la surprise, abasourdi de surprise*.

C'est aussi un emploi américain **the remark was stricken from the record** *la remarque a été rayée du procès-verbal*.

(25) **Swollen** est plus courant que **swelled** comme verbe (**her face has swollen** *son visage a gonflé*) et comme adjectif (**her face is swollen/a swollen face**). **A swollen head** *une grosse tête*, pour quelqu'un qui a une haute opinion de soi-même, devient **a swelled head** en américain.

(26) Mais il est régulier lorsqu'il a le sens de 'se faufiler' : **the motorbike weaved elegantly through the traffic** *la moto se faufilait avec agilité entre les voitures*.

(27) Mais irrégulier aussi en anglais britannique lorsqu'il a le sens de 'mouiller par de l'urine' : **he wet his bed again last night** *il a encore mouillé son lit la nuit dernière*.

23 Les auxiliaires be, have, do : leurs formes

a) BE

Présent		*Prétérit*		*Participe Passé*
1ère	**I am**	1ère	**I was**	**been**
2ème	**you are**	2ème	**you were**	
3ème	**he/she/it is**	3ème	**he was**	
1ère	**we are**	1ère	**we were**	
2ème	**you are**	2ème	**you were**	
3ème	**they are**	3ème	**they were**	

Contracté avec le mot précédant :

I'm = I am ; you're = you are ; he's/John's = he is/John is ; we're/you're/they're = we are/you are/they are

Contracté avec **not** :

aren't I? (questions seulement) **= am I not? ; you/we/they aren't ; he isn't ; I/he wasn't ; you/we/they weren't**

On a aussi : **I'm not ; you're not**, etc.

Pour le subjonctif, voir p. 171.

b) HAVE

Présent		*Prétérit*		*Participe Passé*
1ère	**I have**	1ère	**I had**	**had**
2ème	**you have**	2ème	**you had**	
3ème	**he/she/it has**	3ème	**he had**	
1ère	**we have**	1ère	**we had**	
2ème	**you have**	2ème	**you had**	
3ème	**they have**	3ème	**they had**	

Contracté avec le mot précédant :

I've/you've/we've/they've = I have, etc. **he's = he has**
I'd/you'd/he'd/we'd/they'd = I had, etc.

Vous noterez que **he's/she's** ne sont normalement pas contractés lorsqu'ils sont employés comme verbes en tant que tels et non comme auxiliaires au présent :

I've two cars	**he has two cars**
j'ai deux voitures	il a deux voitures

Contracté avec **not** :

haven't ; hasn't ; hadn't

c) DO

Présent		*Prétérit*		*Participe Passé*
1ère	**I do**	1ère	**I did**	**done**
2ème	**you do**	2ème	**you did**	
3ème	**he/she/it does**	3ème	**he did**	
1ère	**we do**	1ère	**we did**	
2ème	**you do**	2ème	**you did**	
3ème	**they do**	3ème	**they did**	

Contracté avec **not** :

don't ; doesn't ; didn't

14 Les Prépositions

1 Les prépositions servent à exprimer des relations de temps, de lieu, de possession, etc. Elles sont normalement suivies d'un nom ou d'un pronom comme :

after – after the show	après le spectacle
on – on it	là-dessus
of – of London	de Londres

Cependant, dans certaines constructions les prépositions anglaises peuvent se placer en fin de proposition :

the people I came here with
les gens avec lesquels je suis venu

something I had never dreamed of
quelque chose dont je n'avais jamais rêvé

Voir aussi **Les Verbes Composés**, p. 197, ainsi que **Les Pronoms Interrogatifs** et **Les Relatifs**, p. 103, 106.

2 Voici une liste des prépositions les plus couramment employées. Etant donné que la plupart des prépositions ont toute une richesse de sens et d'emplois, seuls les usages les plus importants et ceux particulièrement intéressants ou susceptibles de poser des problèmes à ceux qui apprennent l'anglais sont mentionnés ci-dessous.

★ **about** et **around**

i) 'lieu' (dans les environs, en tous sens) :

Souvent il n'y a pas de différence entre **about** et **around**, bien qu'en anglais américain on préfère **around** :

they walked about/around town
ils se sont promenés dans la ville

he must be about/around somewhere
il doit être dans les parages

the dog was racing about/around in the garden
le chien courait en tous sens dans le jardin

ii) 'autour de' :

he lives just (a)round the corner
il habite au coin de la rue

she put the rope (a)round his chest
elle a mis la corde autour de sa poitrine

iii) 'environ' :

I have about £1 on me   **it'll cost you around £20**
j'ai environ une livre sur moi   ça te coûtera environ 20 livres

iv) 'au sujet de', 'sur' (seulement **about**) :

what's the book about? – it's a story about nature
de quoi parle le livre ? – c'est une histoire sur la nature

on peut être plus technique, plus académique :

he gave a paper on Verdi and Shakespeare
il a donné une conférence sur Verdi et Shakespeare

a book on English grammar
un livre sur la grammaire anglaise

★ **above** (au-dessus de)

Comparez **above** avec **over**. Il y a en général peu de différence
entre les deux :

he has a lovely mirror above/over the mantelpiece
il a un très joli miroir au-dessus de la cheminée

Mais **above** exprime normalement le fait d'être 'situé au-dessus
de' dans un sens purement physique :

**the shirts had been placed in the wardrobe above the
socks and underwear**
les chemises avaient été placées dans l'armoire au-dessus des
chaussettes et des sous-vêtements

mais :
he flung his coat over a chair
il a jeté son manteau sur une chaise

★ **across** (à travers)

Across et **over** ont souvent un sens très proche, cependant **across** a
tendance à indiquer une dimension horizontale (sur la largeur de) :

he walked across the fields to the farm
il a traversé les champs jusqu'à la ferme

he laid out his suit across the bed
il étendit son costume en travers du lit

★ **after** (après)

i) Dans un sens figuré, remarquez la différence entre **ask after** et **ask for** :

he asked after you   **he asked for you**
il m'a demandé de tes nouvelles   il a demandé à te parler

ii) dans un sens figuré impliquant un but :

they keep striving after the happiness which eludes them
ils sont à la recherche d'un bonheur qui toujours leur échappe

iii) Dans un sens temporel on pourrait comparer **after** et **since**. La différence entre les deux apparaît dans l'emploi des temps : prétérit (**after**) et present perfect (**since**). Comparez :

he wasn't well after his journey
il ne se sentait pas bien après son voyage

he hasn't been well since his journey
il ne se sent pas bien depuis son voyage

Voir aussi **to**

La même différence existe sans verbe dans la proposition. Ainsi il y a une grande différence entre :

Britain after the war
La Grande-Bretagne après la guerre

et :

Britain since the war
La Grande-Bretagne depuis la guerre

★ **against** (contre)

i) Ceci implique normalement un obstacle :

they didn't fight against them, they fought with them
ils n'ont pas combattu contre eux, ils ont combattu avec eux

we're sailing against the current
nous naviguons à contre-courant

ii) Mais il peut impliquer un choc, comme dans :

he knocked his head against the wall
il s'est cogné la tête contre le mur

iii) pour dénoter une opposition par rapport à un fond :

she held the picture against the wall
elle a tenu l'image contre le mur

she was silhouetted against the snow
sa silhouette se découpait sur la neige

★ **among(st)** (parmi)

Alors que **between** (entre) implique deux éléments, **among(st)**
implique une multitude :

he sat between John and Joan
il s'est assis entre John et Joan

he sat among(st) the flowers
il s'est assis parmi les fleurs

Remarquez que les 'deux éléments' ne sont pas toujours
mentionnés avec **between** (à la différence de l'exemple ci-dessus).
Il signifie seulement qu'une division entre deux choses, deux
personnes ou deux groupes est impliquée. Ainsi il est parfaitement
correct de dire :

the road ran between the houses
la route passait entre les maisons

même s'il y en a 250. Ici on indique que la route sépare les maisons
en deux groupes. Mais notez qu'on dirait :

the cats were running to and fro among the houses
les chats couraient en tous sens entre les maisons

Ici on n'indique plus une séparation entre deux groupes de maisons.
Bien sûr s'il n'y a que deux maisons, on dirait :

the cats were running to and fro between the houses

★ **at** (à)

Voir aussi **to**.

At ou **in** ? : **at** fait référence à un point précis (souvent sur une
échelle réelle ou imaginaire). Ainsi on dirait :

the big hand stopped at six o'clock
la grande aiguille s'est arrêtée sur le six

et :

the train stops at Dundee, Edinburgh and York
le train s'arrête à Dundee, Edimbourg et York

Ces villes ne sont pas considérées comme villes dans la phrase ci-dessus, mais comme des étapes sur un itinéraire. On dirait :

he lives in Dundee   il vit à Dundee

Dans la phrase : **he is at Dundee**   il est à Dundee

une fois de plus **Dundee** ne fait pas référence à la ville ; mais à une institution, comme l'université de Dundee, par exemple.

Cependant on peut employer **at** avec des noms de petites villes et de villages :

there's still a pier at Tighnabruaich
il y a toujours une jetée à Tighnabruaich

En revanche, on ne dit pas :

he lives at Tighnabruaich

mais **in**.

Avec le verbe **arrive**, **at** est aussi employé pour marquer la un point précis :

they finally arrived at the foot of the hill
ils sont finalement arrivés au pied de la colline

sinon on emploie **in** :

when we arrived in London, we ...
lorsque nous sommes arrivés à Londres, nous ...

Dans un sens figuré, on emploie toujours **arrive at** :

have they arrived at any decision yet?
est-ce qu'ils sont déjà parvenus à une décision ?

at ou **by** ? :

i) pour exprimer un lieu, comparez :

(a) **he was sitting at the table**
il était assis à la table

(b) **he was sitting by the table**
il était assis près de la table

ii) pour exprimer le temps, comparez :

(a) **be there at six o'clock**   (b) **be there by six o'clock**
sois là à six heures   sois là avant six heures

At fait référence à un point dans le temps, tandis que **by** signifie 'pas plus tard que'.

★ **before** (devant, avant)

Il fait référence au temps et à l'espace :

be there before six o'clock   **he knelt before the Queen**
sois là avant six heures   il s'agenouilla devant la reine

i) Dans un sens spatial, il y a parfois une différence entre **before**
et **in front of**. **In front of** est plus littéral en ce qui concerne la
position. C'est le terme que l'on emploie le plus souvent en
anglais courant :

he was standing in front of the judge in the queue
il se tenait devant le juge dans la file

tandis que **before** implique souvent une relation qui n'est pas
purement locative :

he stood before the judge   il se tenait devant le juge

Remarquez aussi que dans les exemples ci-dessus, **in front of**
n'implique pas que les deux personnes sont face à face. **Before**,
lui, implique cette idée.

ii) Dans le sens temporel de **before**, comparez son emploi avec des
verbes à la forme négative et celui de **until**. **Before** signifie
'plus tôt que' et **until** 'jusqu'à (un certain temps)' :

(a) **you will not get the letter before Monday**
     tu ne recevras pas la lettre avant lundi

(b) **you will not get the letter until Monday**
     tu ne recevras pas la lettre avant lundi

Dans (a) la lettre arrivera lundi ou n'importe quel jour après
lundi (mais pas avant), dans (b) la lettre arrivera lundi.

★ **below** (au-dessous de)

Below est le contraire de **above** (au-dessus de), et **under** (sous) est
le contraire de **over**. Voir **above** ci-dessus. Exemples :

50 metres below the snow-line
à 50 mètres au-dessous de la limite des neiges éternelles

he was sitting under the bridge
il était assis sous le pont

below the bridge the water gets deeper
au-dessous du pont l'eau est plus profonde

his shoes were under the bed
ses chaussures étaient sous le lit

★ **beside** et **besides**

beside = à côté de :

sit beside me
assieds-toi à côté de moi

besides = en plus de, à part :

there were three guests there besides him and me
il y avait trois invités à part lui et moi

★ **between** (entre), voir **among** (parmi)

★ **but**

But employé comme préposition signifie 'sauf', 'excepté'. On peut aussi employer **except** pour remplacer **but** dans pratiquement tous les cas, mais l'inverse n'est pas possible. Quand on emploie **but**, il est pratiquement toujours placé après des pronoms indéfinis ou interrogatifs, ou des adverbes comme **anywhere, where**, etc. :

nobody but/except you would think of that
personne à part toi ne penserait à ça

where else but/except in France would you ...?
où, sinon en France, est-ce qu'on pourrait ... ?

mais seul **except** est possible dans la phrase suivante :

we can all swim except Lorna
nous savons tous nager sauf Lorna

★ **by**

Voir aussi **at** et **from**.

i) Il est utile de comparer **by** avec **on** dans son usage avec des mots faisant référence à des moyens de transport :

he goes by train
il prend le train

is there only one conductor on this train?
y-a-t-il un seul contrôleur dans ce train ?

By met l'accent sur le moyen de transport, et le nom qui suit n'a normalement pas d'article, sauf dans des cas comme :

I'll be coming on/by the three-thirty
j'arriverai par (le train/bus/l'avion) de trois heures trente

où l'on ne fait pas directement référence au moyen de transport.

On peut employer **in** à la place de **on** si l'idée d'intérieur domine :

it's often cold in British trains
il fait souvent froid dans les trains britanniques

Remarquez aussi **live by** et **live on**. **Live by** signifie 'gagner sa vie d'une occupation', tandis que **live on** signifie 'vivre avec un revenu de/de nourriture'. L'emploi de **by** insiste sur le moyen :

he lives by acting in commercials
il gagne sa vie en jouant dans des pubs

he lives on fruit
il se nourrit de fruits

he lives by his pen
il vit de sa plume

he lives on £100 a month
il vit avec 100 livres par mois

Live by signifie aussi 'vivre selon les règles de' :

it is difficult to live by such a set of doctrines
il est difficile de vivre en appliquant un tel ensemble de doctrines

ii) passif :

By s'emploie pour introduire le complément d'agent (celui par qui l'action est accomplie) dans des constructions passives :

his reaction surprised us
sa réaction nous a surpris

we were surprised by his reaction
nous avons été surpris par sa réaction

★ **due to** (à cause de, grâce à)

Il a le même emploi que **owing to** (à cause de/en raison de) :

this was due to/owing to his alertness of mind
c'était grâce à sa vivacité d'esprit

Etant donné que **due** est un adjectif, certaines personnes soutiennent qu'il devrait se placer, comme un adjectif attribut, après une des formes du verbe **be** comme dans l'exemple ci-dessus, et qu'il est mal employé dans l'exemple ci-dessous. Cependant, il est de plus en plus courant d'employer **due to** dans des structures adverbiales dans lesquelles on le considère comme une locution prépositionnelle comme **because of, in front of**, etc. :

the train is late, due to an accident near Bristol
le train est en retard, à cause d'un accident près de Bristol

★ **during** (pendant), voir **for**

★ **except** (sauf), voir **but**

★ **for** (pour, pendant)

i) Lorsque **for** est employé comme préposition de temps, il est utile de la comparer avec **during** (pendant) et **in** (en). **For** insiste sur l'idée de durée (pendant combien de temps ?), tandis que **during** indique la période au cours de laquelle des actions se produisent (quand ?) :

for the first five months you'll be stationed at Crewe
pendant les cinq premiers mois, vous serez basés à Crewe

during the first five months you're likely to be moved
au cours des cinq premiers mois, vous serez vraisemblablement transférés

he let the cat out for the night
il a fait sortir le chat pour la nuit

he let the cat out during the night
il a fait sortir le chat pendant/dans la nuit

L'accent mis sur la durée par **for** est aussi parfois opposé à **in**, qui signifie 'dans une période' :

I haven't seen her for five years
je ne l'ai pas vue depuis cinq ans

he didn't see her once in five years
il ne l'a pas vue une seule fois en cinq ans

Cependant, en anglais américain, on emploierait normalement **in** dans le premier exemple :

I haven't seen her in five years
ça fait cinq ans que je ne l'ai pas vue

et cet usage s'est étendu à l'anglais britannique.

Pour l'emploi de **for/since** avec des expressions de temps, voir p. 160.

ii) Lorsque **for** est préposition de lieu, il est utile de la comparer avec **to** :

(a) **the flight for/to Dublin is at 3 o'clock**
le vol de Dublin est à 3 heures

(b) **nothing went wrong on the flight to Dublin**
aucun incident ne s'est produit sur le vol de Dublin

La différence entre les deux est que **to** implique l'arrivée à destination, tandis que **for** exprime uniquement le projet ou l'intention d'aller dans la direction de cette destination.

★ **from** (de (provenance))

i) Comme nous l'avons vu plus haut, (voir **by** ci-dessus), **by** insiste sur le moyen, et **from** indique la provenance, le point de départ. Comparez :

judging by experience, this is unlikely to happen
si l'on en juge par l'expérience, il y a peu de chances que cela se produise

judging from earlier experiences, he had now learnt not to be so easily led astray
ses expériences antérieures lui avaient appris à ne pas se laisser si facilement détourner du droit chemin

Bien sûr, il existe parfois peu ou pas de différence étant donné que la distinction entre le moyen et la provenance n'est pas pertinente :

judging by his clothes, he must be poor
si l'on en juge par ses vêtements, il doit être pauvre

judging from these figures, business is good
si l'on en juge par ces chiffres, les affaires se portent bien

L'idée de provenance évoquée par **from** apparaît aussi lorsqu'on l'oppose à **of**, **by** et **with** dans les exemples suivants :

the cat died from eating too much fish
le chat est mort d'avoir mangé trop de poisson

he died of cancer/by drowning
il est mort d'un cancer/par noyade

the cat is trembling with fear   **from what I have heard**
le chat tremble de peur   d'après ce que j'ai entendu

ii) avec **different** :

different se construit avec **from**, bien qu'on puisse le trouver suivi de **to**, cette dernierè construction étant incorrecte.

that's different to/from mine
c'est différent du mien

that's different to/from what he said before
c'est différent de ce qu'il a dit auparavant

Mais **than**, bien qu'on l'entende souvent, est à l'origine un américanisme.

★ **in** et **into** (dans)

Pour **in**, voir aussi **at**, **by**, **for**.

En principe **in** signifie 'dans un espace', tandis que **into** implique un mouvement d'un endroit à l'intérieur d'un autre :

he was sitting in the living room
il était assis dans la salle de séjour

he went into the living room
il est entré dans la salle de séjour

Le problème se complique si l'action implique un mouvement d'un endroit à l'intérieur d'un autre (et où l'on pourrait s'attendre à trouver **into**), on emploie souvent **in** si l'accent est mis sur le **résultat** plutôt que sur le mouvement :

did you put sugar in my coffee?
est-ce que tu as mis du sucre dans mon café ?

Et réciproquement, on emploie parfois **into** lorsqu'il n'y a pas de verbe de mouvement, mais seulement si l'on implique le mouvement :

you've been in the bathroom for an hour
tu es dans la salle de bain depuis une heure

the kitchen is awful, have you been into the bathroom yet?
la cuisine est affreuse, est-ce que tu es allé dans la salle de bain ?

De même, dans un sens figuré :

he's into fast cars at the moment
il est branché voitures de sport en ce moment

this will give you an insight into how it works
cela vous donnera une idée sur la manière dont il fonctionne

★ **in front of** (devant), voir **before**

★ **of** (de), voir **about** et **from**

★ **on** (sur), voir **about**, **by** et **upon**

★ **opposite** (en face de)

Il est parfois accompagné de **to**, parfois pas :

the house opposite (to) ours is being pulled down
on est en train de démolir la maison en face de la nôtre

★ **outside** (dehors, en dehors de)

Il est souvent accompagné de **of** en américain, mais pas souvent en anglais britannique :

he reads a lot outside (of) his main subject area
il lit beaucoup en dehors de sa spécialité

★ **over** (par dessus), voir **above** et **across**

★ **owing to** (en raison de), voir **due to**

★ **since** (depuis), voir **after**

★ **till** (jusqu'à + complément de temps), voir **to**

★ **to** (jusqu'à, vers, à)

Voir aussi **for**, **from**.

Lorsqu'il est opposé à **until/till** (jusqu'à), **to** (jusqu'à) fait référence à un aboutissement dans le temps. **Until** et **till** font eux aussi référence à un aboutissement dans le temps, mais on insiste plus particulièrement sur l'activité exprimée dans la phrase :

the shop is closed from 1 to 2 pm
le magasin ferme de 13 heures à 14 heures

he played his flute until 10 o'clock
il jouait de sa flûte jusqu'à 10 heures

last night I worked from eight till midnight
hier soir j'ai travaillé de huit heures jusqu'à minuit

Il n'y a pas de différence de sens entre **until** et **till**.

To dans un sens différent peut avoir des similarités avec **at** après certains verbes. Dans de tels cas, **to** indique tout simplement une direction vers un but, tandis que **at** a un sens plus fort, car il dénote un désir de rapport plus étroit de la part de celui qui fait l'action :

will we manage to get to the station in time?
est-ce qu'on va arriver à la gare à temps ?

those boxes on top of the wardrobe - I can't get at them!
ces boîtes sur l'armoire - je n'arrive pas à les attraper !

Remarquez l'expression **get at** dans un sens figuré :

why are you getting at me?
pourquoi est-ce que tu es toujours sur mon dos ?

what are you getting at?
où voulez-vous en venir ?

★ **toward(s)** (vers)

Voir aussi **against**

Toward s'emploie normalement en anglais américain, **towards** en anglais britannique.

★ **under** (sous), voir **below**

★ **until** (jusqu'à + complément de temps), voir **before** et **to**

★ **upon** (sur)

Il existe peu de différences de sens entre **upon** et **on**, mais **upon** est bien plus livresque ou soutenu :

> **upon having, with great difficulty, reached Dover, he immediately set sail for France**
> après avoir atteint Douvres avec grande difficulté, il s'embarqua immédiatement pour la France

Mais on trouve aussi **upon** dans certaines expressions (assez désuètes) où **on** n'est pas possible :

> **upon my word!** par exemple !
> **upon my soul!** grand Dieu !

Upon ne peut remplacer **on** pour exprimer (a) une date, (b) un moyen (voir **by** ci-dessus), (c) un état, (d) 'avec', 'sur' :

(a) **can you come on Saturday?**
tu peux venir samedi ?

(b) **he lives on fruit; our heaters run on gas**
il vit de fruits ; nos radiateurs fonctionnent au gaz

(c) **he's on the phone; it's on TV; he's on edge**
il est au téléphone ; c'est à la télé ; il est à cran

(d) **have you got any money on you?**
tu as de l'argent sur toi ?

En cas de doute, **on** n'est jamais faux (à part dans les exceptions mentionnées ci-dessus).

★ **with** (avec), voir **from**

★ **without** (sans)

En anglais on emploie l'article :

> **without a/his hat** **without (any) butter**
> sans chapeau sans beurre

15 Les Conjonctions

Les conjonctions sont des mots qui relient deux mots ou deux propositions. On distingue les conjonctions de 'coordination' et les conjonctions de 'subordination'. Les conjonctions de coordination relient des mots ou des propositions qui ont une même fonction dans la proposition. Les conjonctions de subordination relient des propositions qui dépendent d'autres structures (normalement d'autres propositions). Voir plus loin **La Structure de la Phrase** p. 238.

1 Les conjonctions de coordination

Elles peuvent être 'simples' :

and	**but**	**or**	**nor**	**neither**
et	mais	ou	ni	ni

ou 'corrélatives' :

both ... and	à la fois ...
either ... or	soit ... soit
neither ...nor	ni ... ni

a) *Exemples de conjonctions de coordination simples*

i) **you need butter and flour**
tu as besoin de beurre et de farine

she's old and fragile
elle est âgée et frêle

they ate and drank a great deal
ils ont beaucoup mangé et beaucoup bu

they finished their work and then they went out to dinner
ils ont terminé leur travail et puis ils sont sortis dîner

ii) **but** et **or** offrent les mêmes possibilités de combinaison que **and**, par exemple :

she's plain but rich
elle n'est pas très jolie mais elle est riche

trains to or from London have been delayed
les trains en partance et en provenance de Londres ont du retard

Remarquez aussi l'usage suivant :

we can but try   on ne peut qu'essayer

iii) **Nor** s'emploie devant le second élément (ou le troisième, etc.), après un **not** apparu plus tôt dans la phrase :

I don't eat sweets, nor chocolate, nor any kind of sugary thing
je ne mange pas de bonbons, ni de chocolat, ni aucunes sucreries

On peut aussi employer **or** dans cette même construction :

I don't eat sweets, or chocolate, or any kind of sugary thing

Nor s'emploie aussi pour relier des propositions. Il est parfois accompagné de **and** ou **but**. Remarquez l'inversion sujet-auxiliaire du verbe :

I don't like coffee, nor do I like tea
je n'aime pas le café et je n'aime pas le thé non plus

I don't like coffee, (and) nor does she
je n'aime pas le café, et elle non plus

I don't understand it, (but) nor do I need to
je ne comprend pas ça, mais ça n'est pas nécessaire

iv) **Neither** s'emploie seulement pour relier deux propositions :

I don't like coffee, neither does she
je n'aime pas le café, elle non plus

I don't understand it, (and/but) neither do I need to
je ne comprends pas, et/mais ça n'est pas nécessaire

v) Si **(n)either ... (n)or** relie deux noms, le verbe s'accorde en nombre avec le nom le plus proche du verbe :

either the record player or the speakers have to be changed
either the speakers or the record player has to be changed
il faut changer soit les enceintes, soit la platine

b) *Exemples de conjonctions de coordination corrélatives*

you need both butter and flour
vous avez besoin de beurre et de farine

she's both old and fragile
elle est (à la fois) âgée et frêle

they both laughed and cried
ils ont à la fois ri et pleuré

you need either butter or margarine
tu as besoin soit de beurre, soit de margarine

she'll be either French or Italian
ce sera une Française ou une Italienne

she was travelling either to or from Aberdeen
elle allait à Aberdeen ou bien elle en revenait

you need neither butter nor margarine
tu n'as besoin ni de beurre, ni de margarine

she's neither old nor fragile
elle n'est ni âgée, ni frêle

c) **or** recouvre quatre sens de base

i) Un sens exclusif ou alternatif :

he lives in Liverpool or Manchester
il habite à Liverpool ou à Manchester

ii) Dans le même sens que **and** :

you could afford things like socks or handkerchiefs or ties
vous pourriez vous offrir des choses comme des chaussettes ou des mouchoirs ou des cravates

iii) Pour relier deux synonymes :

acquired immune deficiency syndrome, or Aids
le syndrome immuno déficitaire acquis, ou sida

iv) Lorsqu'il relie deux propositions dans le sens de 'sinon' :

apologize to her, or she'll never speak to you again
excusez-vous auprès d'elle, ou elle ne vous parlera plus jamais

2 Les conjonctions de subordination

Il existe un grand nombre de conjonctions de subordination.
Certaines sont 'simples', comme **because** (parce que) ou **so that** (si bien que) ; d'autres sont corrélatives (comparez avec 1 ci-dessus), comme **as ... as** (aussi ... que), **so ... that** (afin ... que), **more ... than** (plus ... que).

a) *Introduisant une proposition substantive*

Les propositions substantives ont la même fonction que les (pro)noms et les groupes nominaux dans la phrase :

- (a) **I told him that they had done it**
  je lui ai dit qu'ils l'avaient fait

- (b) **I told him the facts**
  je lui ai dit les faits

Dans (a), une proposition substantive est le complément d'objet direct de **told**, dans (b), c'est un groupe nominal.

Les conjonctions qui introduisent des propositions substantives sont **that** (que), **if** (si), **whether** (si + *choix*) et **how** (comment). **That** est parfois omis si la proposition subordonnée est le complément d'objet direct de la phrase, mais pas si elle en est le sujet :

he said (that) he wanted to see me (complément d'objet)
il a dit qu'il voulait me voir

that such people exist is unbelievable (sujet)
que de tels personnes existent est incroyable

he asked me if/whether I had any money (complément d'objet)
il m'a demandé si j'avais de l'argent (ou pas)

whether I have any money or not is none of your business (sujet)
que j'aie de l'argent ou non ne te regarde pas

he said how it was done (complément d'objet)
il a dit comment c'était fait

how it's done is immaterial (sujet)
la manière dont c'est fait est sans importance

That, **if**, **whether** et **how** employés comme ci-dessus ne doivent pas être confondus avec leur rôle lorsqu'ils introduisent un groupe adverbial (voir ci-dessous).

b) *Introduisant une proposition adverbiale*

i) Voir **Les Adverbes**, p. 72. Il existe un grand nombre de conjonctions qui introduisent des propositions adverbiales ; parmi celles-ci on trouve beaucoup d'exemples de noms ou de verbes ayant fonction de conjonction, ce qui est le cas de **the**

minute (à la minute où) et de **the way** (de la manière dont) dans :

he arrived the minute the clock struck twelve (= conjonction de temps, comparez avec **when**)
il est arrivé à la minute où la pendule sonnait midi

he didn't explain it the way you did (= conjonction de manière, comparez avec **how**)
il ne l'a pas expliqué de la manière dont tu l'as fait

ou **provided** (du moment que) et **considering**, comme dans :

provided you keep quiet, you can stay (= conjonction de condition, comparez avec **if**)
du moment que tu restes sage, tu peux rester

he's doing well considering he's been here for only a week (= conjonction de concession, comparez avec **although**)
il se débrouille bien si l'on considère qu'il n'est ici que depuis une semaine

Les conjonctions adverbiales principales :

ii) Conjonctions de temps : **after** (après que), **as** (alors que), **before** (avant que), **since** (depuis que), **until** (jusqu'à ce que), **when** (lorsque), **whenever** (chaque fois que), **while** (tandis que). L'idée de futur dans les subordonnées introduites par une de ces conjonctions est exprimée par un présent en anglais (voir p A49) :

he came back after the show had finished
il est revenu après que le spectacle fût/soit terminé

the phone rang as he was having a bath
le téléphone a sonné alors qu'il prenait son bain

before you sit down, you must see the bedroom
avant que tu ne t'asseyes, il faut que tu voies la chambre

they've been crying (ever) since their parents left
ils pleurent depuis que/le moment où leurs parents sont partis

he talked non-stop until it was time to go home
il a parlé sans s'arrêter jusqu'à ce qu'il fût/soit l'heure de partir

when he's ready we'll be able to get going at last
quand il sera prêt, on pourra enfin se mettre en route

you don't have to go upstairs whenever the baby cries
tu n'es pas obligé de monter chaque fois que le bébé pleure

while I'm asleep, will you drive?
tu conduiras, pendant que je dors ?

iii) Conjonctions de lieu : **where** (où), **wherever** (où que) :

plant them where there is a lot of shade
plante-les là où il y a beaucoup d'ombre

wherever she goes, he follows
où qu'elle aille, il suit

iv) Conjonctions de manière, de comparaison ou d'intensité : **as** (comme), **as if** (comme si), **as though** (comme si), **how** (comment), **however** (cependant) :

he does it as he's always done it
il le fait comme il l'a toujours fait

he behaved as if/as though there was (were) something wrong
il s'est comporté comme s'il y avait quelque chose qui clochait

you can pay how you want
tu peux payer comme tu veux

however hard you try, you won't manage
même si tu fais tout ton possible, tu n'y arriveras pas

however exciting it may be, he won't be interested
si passionnant que ce soit, il ne sera pas intéressé

v) Conjonctions de cause : **as** (étant donné que), **because** (parce que), **only** (cependant, mais), **since** (puisque) :

as there was nothing but biscuits in the house, we went out to eat
comme il n'y avait rien dans la maison à part des biscuits, nous sommes allés dîner dehors

I love you because you are you
je t'aime parce que tu es telle que tu es

I would have done it really, only I didn't think there was time
je l'aurais fait volontiers, mais je ne pensais pas qu'on avait le temps

since you've been so kind to me, I want to give you a present
puisque tu as été si gentil avec moi, je veux te faire un cadeau

vi) Conjonctions de concession : **(al)though** (bien que), **even if** (même si), **even though** (bien que), **whether** (soit que) :

we let him come (al)though he was a nuisance
nous l'avons laissé venir, bien qu'il nous ait apporté des ennuis

you can stay, even if/even though you haven't paid your rent
tu peux rester, même si tu n'as pas payé ton loyer

I'm doing it whether you like it or not
je le fais que ça te plaise ou non

vii) Conjonctions de but : **in order to** (afin de), **lest** (de peur/crainte que/de), **so that** (afin que) :

they went to the stage door in order to get a glimpse of him
ils sont allés à la sortie des artistes afin de pouvoir l'apercevoir

I apologized lest she should be offended
je me suis excusé(e) de peur qu'elle ne fût/soit blessée

he did it so that she would be happy
il l'a fait afin qu'elle soit heureuse

Remarquez que **lest** a tendance à être employé dans un usage littéraire. Il est toujours possible d'employer **so that ... not** à la place :

I apologized so that she shouldn't be offended
je me suis excusé(e) afin qu'elle ne fût/soit pas blessée

viii) Conjonctions de conséquence : **so that** (si bien que) :

if you can arrange things so that we're all there at the same time
si tu peux t'organiser pour qu'on soit tous là en même temps

ix) Conjonctions de condition: **if** (si), **so/as long as** (tant que), **unless** (à moins que) :

only tell me if you want to
dis-le moi seulement si tu veux

so long as you promise to be careful
tant que tu promets d'être prudent

tell me, unless you don't want to
dis-moi, à moins que tu ne le veuilles pas

c) **But** est une conjonction de subordination dans les sens suivants :

i) 'sans que' (après **never** et **hardly**) :

it never rains but it pours (proverbe)
un malheur n'arrive jamais seul

hardly a day goes by but something happens
il ne se passe presque jamais un jour sans que quelque chose ne
se produise

ii) employé avec **that** (après certains noms négatifs) :

there's no doubt but that he's responsible
il n'y a aucun doute qu'il est responsable

d) *Introduisant des propositions comparatives*

Les propositions subordonnées comparatives ne modifient pas
d'autres propositions (comme le font les propositions adverbiales).
Elles modifient des éléments de la proposition : groupes nominaux,
groupes adverbiaux et adjectivaux.

Les conjonctions comparatives sont corrélatives (comparez avec
conjonctions de coordination, p. 224-6): **more ... than** (plus ...
que), **less ... than** (moins ... que), et **as ... as** (autant ...que).

i) Modifiant un nom :

they killed more people than we can imagine
ils ont tué plus de gens que nous ne pouvons l'imaginer

they killed as many people as the other side (did)
ils ont tué autant de gens que les autres

ii) Modifiant un adjectif :

it was less comfortable than we'd thought
c'était moins confortable que nous n'avions pensé

it was as comfortable as we thought
c'était aussi confortable que nous le pensions

iii) Modifiant un adverbe :

you did it better than I could have done
tu l'as mieux fait que je n'aurais pu le faire

you did it as well as I could have done
tu l'as fait aussi bien que j'aurais pu le faire

Remarquez l'absence de négation dans les exemples anglais.

16 Les Nombres

1 Les nombres cardinaux et les nombres ordinaux

Cardinaux		*Ordinaux*	
1	one	1st	first
2	two	2nd	second
3	three	3rd	third
4	four	4th	fourth
5	five	5th	fifth
6	six	6th	sixth
7	seven	7th	seventh
8	eight	8th	eighth
9	nine	9th	ninth
10	ten	10th	tenth
11	eleven	11th	eleventh
12	twelve	12th	twelfth
13	thirteen	13th	thirteenth
14	fourteen	14th	fourteenth
15	fifteen	15th	fifteenth
16	sixteen	16th	sixteenth
17	seventeen	17th	seventeenth
18	eighteen	18th	eighteenth
19	nineteen	19th	nineteenth
20	twenty	20th	twentieth
21	twenty-one	21st	twenty-first
30	thirty	30th	thirtieth
40	forty	40th	fortieth
50	fifty	50th	fiftieth
60	sixty	60th	sixtieth
70	seventy	70th	seventieth
80	eighty	80th	eightieth
90	ninety	90th	ninetieth
100	a/one hundred	100th	(one) hundredth
101	a/one hundred and one	101st	(one) hundred and first
200	two hundred	200th	two hundredth
1,000	a/one thousand	1,000th	(one) thousandth
1,345	a/one thousand three hundred and forty-five	1,345th	one thousand three hundred and forty-fifth

1,000,000	a/one million	millionth
1,000,000,000 (^{9})	a/one billion	billionth
1,000,000,000,000 (^{10})	a/one trillion	trillionth

Remarquez qu'en anglais britannique, **a billion** était (et est encore parfois) 10^{12} (dix à la puissance douze) et **a trillion** 10^{18}.

Les nombres donnés dans la liste sont des valeurs américaines, qui sont maintenant aussi employées en anglais britannique. 10^{9} (un milliard) était (et est encore parfois) appelé **a thousand million** en anglais britannique.

Remarquez l'emploi de la virgule pour indiquer les milliers.

2 Les fractions

a) *Les fractions ordinaires*

On écrit les fractions avec un nombre cardinal (ou parfois **a** à la place de **one**) + un nombre ordinal :

$^1/_5$	=	**a/one fifth**
$^3/_8$	=	**three eighths**
$3^4/_9$	=	**three and four ninths**
$^1/_2$	=	**a/one half**
$^1/_4$	=	**a quarter**
$^3/_4$	=	**three quarters**

Remarquez que $1^1/_4$ hours = **an/one hour and a quarter** ou **one and a quarter hours** (une heure et quart).

Remarquez que le **-s** est maintenu lorsque les fractions sont employées comme adjectifs :

they had a two-thirds majority
ils ont eu une majorité de deux tiers

L'emploi des fractions ordinaires est beaucoup plus courant en anglais qu'en français.

b) *Les nombres décimaux*

Alors que dans les autres pays européens on utilise une virgule pour les nombres décimaux, les anglophones se servent du point :

25.5 = twenty-five point five

Les décimales sont énumérées une à une après le point :

25.552 = twenty-five point five five two

3 Nought, zero, '0', nil

a) *Anglais britannique*

Nought et **zero** sont utilisés pour le chiffre 0. Dans les calculs, **nought** est habituel :

add another nought (ou **zero) to that number**
ajoute un autre zéro à ce chiffre

put down nought and carry one
je pose zéro et je retiens un

0.6 = nought point six
zéro virgule six

Pour un nombre sur une échelle, on préfère **zero** :

it's freezing - it's 10 below zero
il gèle - il fait moins 10

comme en anglais scientifique :

given zero conductivity
étant donné une conductivité de zéro

a country striving for zero inflation
un pays qui se bat pour atteindre une inflation nulle

Lorsqu'on prononce le chiffre comme la lettre 'o', il s'agit normalement d'un numéro de téléphone.

Nil est toujours utilisé pour les points ou les buts en sports :

Arsenal won four nil (= 4-0)
ou :
Arsenal won by four goals to nil
Arsenal a gagné quatre buts à zéro

sauf au tennis, où l'on utilise 'love' :

Lendl leads forty-love
Lendl mène quarante zéro

(mot dérivé du français 'l'œuf' à cause de sa ressemblance graphique)

Nil est aussi utilisé dans le sens de **nothing** (rien) (qui se dit aussi parfois **zero**) :

production was soon reduced to nil (ou **zero**)
la production fut rapidement réduite à zéro

b) *Anglais américain*

Zero est utilisé dans presque tous les cas :

how many zeros are there in a billion?
combien y a-t-il de zéros dans un milliard ?

my telephone number is 721002 (seven two one zero zero two)

Chicago Cubs zero (au basket)

Cependant, au tennis on utilise le mot **love**, voir p. 234.

4 Les dates

a) *Années*

1989 se dit :

nineteen eighty-nine

ou, plus rarement :

nineteen hundred and eighty-nine

1026 se dit :

ten twenty-six

Dans cet exemple, l'utilisation de **hundred** n'est pas habituel.

b) *Mois et jours*

On peut écrire la date de différentes manières :

12(th) May	**May 12(th)**
the twelfth of May	**May the twelfth**

En anglais américain parlé, il est plus courant d'omettre le mot **the** quand on fait commencer la date par le mois :

May 12 (dit : May twelfth/May twelve)

En anglais britannique, on écrit les dates en mettant le jour en premier, et en anglais américain, on met le mois en premier :

10/4/92 (= 10th April 1992, anglais britannique)
4/10/92 (= 10th April 1992, anglais américain)

5 Les numéros de téléphone

On lit les numéros de téléphone comme des chiffres séparés (voir aussi 3 ci-dessus) :

1567 = one five six seven
40032 = four double 'o' three two (anglais britannique)
four zero zero three two (anglais américain)

Mais à l'écrit, il est normal de les regrouper par groupes de chiffres pour faire apparaître les différents codes régionaux en opération :

0141-221-5266

6 Les adresses

En Amérique du Nord les numéros à quatre chiffres se lisent :

3445 Sherbrooke Street
thirty-four forty-five Sherbrooke Street

7 Les opérations

Il existe plusieurs façons d'exprimer les opérations arithmétiques. Voici certaines des plus courantes :

$12 + 19 = 31$
twelve and/plus nineteen is/equals thirty-one

$19 - 7 = 12$
nineteen minus seven is/equals twelve
seven from nineteen is/leaves twelve
nineteen take away seven is/leaves twelve (emploi enfantin)

$2 \times 5 = 10$
twice five is ten   **two fives are ten**

$4 \times 5 = 20$
four times five is/equals twenty   **four fives are twenty**

$36 \times 41 = 1476$
thirty-six times forty-one is/equals one thousand four hundred and seventy-six
thirty-six multiplied by forty-one is/equals one thousand four hundred and seventy-six

$10 \div 2 = 5$
ten divided by two is/equals five
two into ten goes five (emploi plus familier)

8 Hundred, thousand, million

Pour **hundred**, **thousand**, **million** (**billion**, **trillion**) avec ou sans **-s**, voir **Les Noms**, p. 30. Comparez aussi :

> **first they came in ones and twos, but soon in tens - at last in tens of thousands**
> ils sont d'abord arrivés par petits groupes, mais bientôt par dizaines - puis par dizaines de milliers

> **in the 1950s** (= nineteen fifties)
> dans les années cinquante

> **she's now in her eighties**
> elle est maintenant octogénaire (elle a entre 80 et 90 ans)

9 *The former* et *the latter*

Au lieu d'employer **the first** on emploie **the former** si on fait référence à une personne/chose parmi deux qui viennent juste d'être évoquées ; et **the latter** (au lieu de **the last**) quand on fait référence à la dernière de deux personnes/choses :

> **trains and coaches are both common means of transport - the former are faster, the latter less expensive**
> le train et le car sont deux moyens de transport couramment utilisés - l'un est plus rapide, l'autre moins cher

De ces expressions, **the latter** est plus souvent utilisé, et il peut aussi faire référence à la dernière chose d'une énumération qui en comprend plus de deux :

> **Spain, Italy, Greece: of these countries the latter is still the most interesting as regards ...**
> l'Espagne, l'Italie, la Grèce : de tous ces pays, le dernier est le plus intéressant en ce qui concerne ...

Des noms peuvent suivre **the former/the latter** :

> **of the dog and the cat, the former animal makes a better pet in my opinion**
> du chien ou du chat, c'est le premier qui, à mon avis, fait le meilleur animal domestique

10 *Once* et *twice*

Once est utilisé pour 'une fois', **twice** pour 'deux fois'. **Thrice** (trois fois) est archaïque :

> **if I've told you once, I've told you a thousand times**
> je te l'ai déjà dit mille fois

> **I've only seen her twice**
> je ne l'ai vue que deux fois

17 La Structure de la Phrase

a) *Le sujet*

i) En général, le sujet précède l'auxiliaire et le verbe :

he may smoke
il peut fumer

L'inversion du sujet et du verbe a lieu dans les cas suivants (s'il y a plus d'un auxiliaire, seul le premier auxiliaire précède le sujet) :

ii) dans les questions :

may I?   **(when) can you come?**
puis-je ?   (quand) peux-tu venir ?

would you have liked to have the chance?
auriez-vous voulu avoir la possibilité ?

iii) dans les propositions conditionnelles, lorsque **if** est omis :

had I got there in time, she'd still be alive
si j'étais arrivé à temps, elle serait encore en vie

should that be true, I'd be most surprised
si c'était vrai, je serais vraiment surpris

iv) quand la phrase commence avec un mot qui a un sens négatif (comme **never**, **seldom**) :

never did I think this would happen
je n'aurais jamais pensé que cela allait se passer

I can't swim – nor/neither can I
je ne sais pas nager – moi non plus

little did I think this would happen
je ne me doutais pas du tout que cela pourrait arriver

hardly had he entered the room, when the ceiling caved in
à peine etait-il entré dans la pièce, que le plafond s'écroula

seldom have I enjoyed a meal so much
j'ai rarement autant apprécié un repas

Mais **nevertheless**, **nonetheless** et **only**, qui font tous les trois référence à un affirmation précédente, sont suivi par les mots dans leur ordre normal :

I know he smokes, nevertheless/nonetheless he should be invited
je sais qu'il fume, mais on devrait quand même l'inviter

we'd like you to come, only we haven't got enough room
nous aimerions que vous veniez, mais nous n'avons pas assez de place

v) souvent quand une phrase commence avec un adverbe de degré :

so marvellously did he play, that it brought tears to the eyes of even a hardened critic like me
son jeu était si merveilleux qu'il a même fait monter les larmes aux yeux d'un critique aussi endurci que moi

only too well do I remember those words
je m'en souviens trop bien, de ces paroles

vi) parfois lorsque la phrase commence avec un adverbe, si le verbe n'a pas un sens descriptif fort, et si le sujet a une certaine importance :

in that year came the announcement that the space shuttle would be launched
cette année-là fut annoncé le lancement de la navette spatiale

on the stage stood a little dwarf
sur la scène se tenait un petit nain

out came a scream so horrible that it made my hair stand on end
on entendit tout à coup un cri si horrible que mes cheveux se dressèrent sur ma tête

to his brave efforts do we owe our happiness (assez littéraire)
c'est à son grand courage que nous devons notre bonheur

pour donner un effet dramatique lorsqu'un adverbe est placé en position initiale :

a big black car pulled up and out jumped Margot
une grosse voiture noire s'arrêta et Margot en sortit avec précipitation

vii) après **so** placé en position initiale (= aussi) :

I'm hungry – so am I
j'ai faim – moi aussi

viii) au discours direct :

Après le discours direct, le verbe d'expression précède parfois son sujet, surtout si c'est un nom (plus le nom a une signification forte dans la phrase, plus on aura tendance à inverser l'ordre des mots) :

'you're late again', said John/John said
'tu es encore en retard', dit John

'you're late again !', boomed the furious sergeant (ou **the furious sergeant boomed)**
'tu es encore en retard', hurla le sergent furieux

Mais l'ordre normal est obligatoire quand on utilise les temps composés :

'you're late again', John had said
'tu es encore en retard', avait dit John

Si le sujet est un pronom, alors le sujet se met habituellement en première place :

'you're late again', he said
'tu es encore en retard', dit-il

Quand le verbe précède le pronom, c'est fréquemment parce qu'une proposition relative suit ou parce qu'on veut donner un caractère de plaisanterie à la phrase :

'you're late again', said I, who had been waiting for at least five hours
'tu es encore en retard', ai-je dit ; ça faisait au moins cinq heures que j'attendais

Les journalistes ont tendance à concentrer un grand nombre d'informations sur un sujet (**vivacious blonde Mary Lakes from Scarborough said : '...'** la blonde et enjouée Marie Lakes de Scarborough dit : ' ...'). Vu qu'il est plutôt étrange en anglais de placer un mot à signification descriptive si faible comme **said** en dernière position dans la phrase, les journalistes changent souvent l'ordre de la phrase dans de tels cas :

said vivacious blonde Mary Lakes from Scarborough :
comme le dit la blonde et enjouée Mary Lakes de Scarborough ...

S'il y a un adverbe, l'inversion est moins courante, mais possible :

'you're back again', said John tentatively
'tu es de retour', dit John avec hésitation

Mais s'il y a un complément d'objet, après **ask** ou **tell** par exemple, on ne fait pas l'inversion :

'she is late again', John told the waiting guests
'elle est encore en retard', dit John aux invités qui attendaient

b) *Le complément d'objet*

Le complément d'objet suit normalement le verbe, mais il est en position initiale dans les cas suivants :

i) dans les questions qui commencent par un pronom interrogatif qui est complément d'objet :

who(m) did you meet?
qui as-tu rencontré ?

ii) dans les propositions subordonnées interrogatives et relatives :

(please ask him) what he thinks
(demande-lui, s'il te plaît,) ce qu'il pense

(can we decide) which position we're adopting?
(pouvons-nous décider) quelle attitude nous adoptons ?

(he brought back) what she'd given him
(il a ramené) ce qu'elle lui avait donné

iii) pour renforcer un objet, surtout quand l'objet est **that** :

that I couldn't put up with
cela, je ne pouvais pas l'accepter

that I don't know
ça, je ne sais pas

but his sort I don't like at all
son genre, je ne l'aime pas du tout

iv) si la phrase contient un complément d'objet direct et un complément d'objet indirect, le complément d'objet indirect précède le complément d'objet direct si un des deux (ou les deux) est un nom :

he gave her a kiss
il lui a donné un baiser

Mais si, au lieu du complément indirect, on a une locution prépositionnelle adverbiale, cette locution se place en dernière position :

he gave the old tramp a fiver

ou : **he gave a fiver to the old tramp**
il a donné un billet de cinq livres au vieux mendiant

v) Quand les deux compléments sont tous les deux des pronoms, alors le complément d'objet indirect précède le complément d'objet direct :

could you please send her these in the mail tonight?
tu peux les lui envoyer par le courrier de ce soir ?

would you give me one?
tu veux bien m'en donner un ?

well, tell them that then
et bien, dis-le leur

he wouldn't sell me one
il ne voulait pas m'en vendre un

that secretary of yours, will you lend me her?
cette secrétaire que tu as, tu veux bien me la prêter ?

On fait une exception à cette règle dans l'emploi de **it** avec **give** ou **lend**, etc. pour lesquels il y a deux possibilités :

could you give it him when you see him?
could you give him it when you see him?
tu veux bien le lui donner quand tu le verras ?

Il est aussi possible de dire :

could you give it to him when you see him?

Si **to** est employé, alors l'ordre des mots est semblable à celui dans l'exemple ci-dessus :

he wouldn't sell one to me
il ne voulait pas m'en vendre un

18 Notes Concernant l'Orthographe

1 y en i

Un **y** placé après une consonne se change en **i** devant les terminaisons suivantes :

-able, -ed, -er (adjectifs ou noms)
-est, -es (noms et verbes)
-ly et **-ness**

ply : plies : pliable
cry : cried : cries : crier
happy : happier : happiest : happily : happiness

Exceptions :

shyly (timidement) et **slyly** (sournoisement) (on évite d'employer **slily** qui est rare). Par contre, **drily** est plus courant que **dryly** :

Les noms propres qui se terminent en **-y** prennent seulement **-s** :

there were two Henrys at the party
il y avait deux Henri à la soirée

Les composés en **-by** prennent **-s** :

standbys

De même **dyer** (teinturier) et parfois **flyer** (aviateur) (aussi **flier**).

Mais **y** précédé par une voyelle ne change pas et la terminaison des noms ou des verbes est **-s** au lieu de **-es** :

play : plays : playable : player
coy : coyer : coyest : coyly : coyness

Mais remarquez **lay : laid, pay : paid, say : said**, et **daily, gaily** (aussi **gayly**).

2 ie en y

Ce changement a lieu devant **-ing** :

die : dying, lie : lying

3 Chute de la voyelle finale -e

Normalement **-e** est omis si une syllabe qui commence par une voyelle est ajoutée :

love : loving : lovable   **stone : stony**

Mais il existe un certain nombre d'exceptions, comme **matey** (copain), **likeable** (aimable), **mileage** (distance parcourue en miles), **dyeing** (= teinture - à ne pas confondre avec **dying** = mourir), **hoeing** (binage), **swingeing** (= énorme, à ne pas confondre avec **swinging** = dans le vent).

Si le mot se termine en **-ce** ou en **-ge**, alors le **-e** est maintenu devant **-a** et **-o** :

irreplaceable, changeable, outrageous

Si la syllabe suivante commence avec une consonne, le **-e** est conservé habituellement :

love : lovely   **bore : boredom**

Mais encore, il existe des exceptions importantes, surtout :

due : duly   **true : truly**
whole : wholly   **argue : argument**

4 -our ou -or

Quand un suffixe est ajouté à certains des mots se terminant en **-our**, on fait tomber le **-u** :

humour : humorist   **vigour : vigorous**

Mais il y a une exception importante concernant cela pour le mot **colour** :

colour : colourful : colourlessness : colourist

Cela ne pose pas de problèmes pour les Américains qui ont définitivement laissé tomber le **-u** :

humor : humorist

5 Doublement des consonnes

Après une voyelle courte accentuée, on double la consonne finale lorsqu'elle est placée devant **-er**, **-est**, **-ed**, **-ing** :

fit : fitter : fittest : fitted : fitting
begin : beginner : beginning

Aussi après **-ur** ou **-er** :

occur : occurred : occurring
refer : referred : referring

mais :

keep : keeper : keeping

ou :

cure : cured : curing

parce que la voyelle dans ce mot est longue

et :

vomit : vomited : vomiting

parce que le **-i** n'est pas accentué.

En anglais britannique **-l** est doublé même dans une syllabe non-accentuée :

revel : revelled : reveller : revelling
travel : travelled : traveller : travelling

Ce phénomène concernant le **-l** n'a pas lieu en anglais américain :

travel : traveled : traveler : traveling

Remarquez aussi :

kidnap : kidnapped : kidnapper (anglais britannique)
kidnap : kidnaped : kidnaper (anglais américain)

6 c en ck

Les mots qui se terminent en **-c** changent le **-c** en **-ck** avant **-ed**, **-er**, **-ing** :

frolic : frolicked : frolicking
picnic : picnicked : picnicker : picnicking

7 Variantes américaines

En plus des variantes américaines données en 4 et 5 ci-dessus, il faut noter les suivantes :

a) anglais britannique **-gue**, anglais américain **-g** :

catalogue : catalog

b) anglais britannique **-tre**, anglais américain **-ter** :

centre : center

c) anglais britannique **-nce**, anglais américain **-nse** :

defence : defense
offence : offense
pretence : pretense

d) Quelques mots différents. Le premier de chaque paire est en anglais britannique :

cheque : check,
cigarette (aussi américain) **: cigaret**
pyjamas : pajamas
practise (pratiquer) **: practice** (le nom a **-ce** des deux côtés de l'Atlantique)
programme : program (mais en informatique aussi **program** en anglais britannique)
tyre : tire (pneu)

19 Les Expressions de Temps

A L'HEURE

what's the time?, what time is it?	quelle heure est-il ?
what time do you make it?	quelle heure avez-vous ?

a) *les heures*

it's 12 noon (midday)/midnight	il est midi/minuit
it's one/two o'clock	il est une heure/deux heures

b) *les demi-heures*

it's half past midnight	il est minuit et demi(e)
it's half past twelve (in the afternoon)	il est midi et demi(e)
it's half past one, it's one thirty	il est une heure et demie
it's half one *(familier)*	

c) *les quarts d'heure*

it's (a) quarter past two	**at (a) quarter to two**
il est deux heures et quart	à deux heures moins le quart

d) *les minutes*

it's twenty-three minutes past four, it's 4.23
il est 4 heures 23

it's twenty to five, it's 4.40
il est 5 heures moins 20

Remarquez qu'en anglais américain on peut aussi employer **after** au lieu de **past** et **of** au lieu de **to**.

e) *a.m. et p.m.*

a.m.	**p.m.**
du matin	de l'après-midi/du soir
it is 7.10 p.m.	**it's ten to seven, it's 6.50**
il est 7 heures 10 du soir	il est sept heures moins dix

Les expressions du type 'quinze heures', etc. (à la place de 'trois heures', etc.) ne s'emploient pas dans l'anglais de tous les jours.

On les rencontre cependant parfois dans les horaires et surtout dans le langage militaire (souvent suivis de **hours**) :

'o' five hundred hours   **fifteen hundred hours**
5 heures du matin   quinze heures

fifteen thirty hours
quinze heures trente

we took the sixteen-twenty to Brighton
nous avons pris le train de 16h20 pour Brighton

Remarquez les abréviations : **7.15** = 7h15.

B LA DATE

1 Les mois, les jours et les saisons

a) *Les mois (**the months**)*

January	janvier
February	février
March	mars
April	avril
May	mai
June	juin
July	juillet
August	août
September	septembre
October	octobre
November	novembre
December	décembre

b) *Les jours de la semaine (**the days of the week**)*

Monday	lundi
Tuesday	mardi
Wednesday	mercredi
Thursday	jeudi
Friday	vendredi
Saturday	samedi
Sunday	dimanche

c) *Les saisons (**the seasons**)*

spring (le printemps)   **summer** (l'été)
autumn (l'automne)   **winter** (l'hiver)

En anglais américain on dit aussi **fall** pour 'l'automne'. Pour l'emploi de l'article voir p. 24.

2 Les dates

a) On emploie les nombres ordinaux pour les dates (à la différence du français) :

the fourteenth of July
le quatorze juillet

the second of November
le deux novembre

I wrote to you on the third of March
je vous ai écrit le trois mars

Voir aussi **Les Nombres** p. 235.

C EXPRESSIONS IDIOMATIQUES

at 5 o'clock	à cinq heures
(a) about 11 o'clock	à onze heures environ
(at) about midnight	vers minuit
(at about 10 o'clock	vers (les) dix heures
it's past six o'clock	il est six heures passées
at exactly four o'clock	à quatre heures précises *ou* pile
on the stroke of three	sur le coup de trois heures
from 9 o'clock onwards	à partir de neuf heures
shortly before seven	peu avant sept heures
shortly after seven	peu après sept heures
it's late	il est tard
he's late	il est en retard
the train is twenty minutes late	le train a vingt minutes de retard
my watch is six minutes slow	ma montre retarde de six minutes
my watch is six minutes fast	ma montre avance de six minutes
one day/morning/evening	un jour/matin/soir
this evening, tonight	ce soir
tomorrow evening, tomorrow night	demain soir
yesterday evening, last night	hier soir
Saturday evening	samedi soir
I'm going out on Saturday night or evening	je sors samedi soir
on Saturday evening	dans la soirée de samedi
during Saturday night	dans la nuit de samedi (à dimanche)
tomorrow morning	demain matin
yesterday morning	hier matin
Monday morning	lundi matin
I'm going (on) Monday morning	j'y vais lundi matin
the next day	le lendemain
the next morning	le lendemain matin
a week on Monday, Monday week	lundi en huit

a fortnight on Monday	lundi en quinze
next week	la semaine prochaine
this (coming) week	la semaine qui vient
last week	la semaine dernière
I saw him the other Saturday	je l'ai vu l'autre samedi
I'm starting on Monday	je commence lundi
he comes on Mondays, he comes on a Monday	il vient le lundi
come one Monday	viens un lundi
he comes in the afternoon(s)	il vient l'après-midi
come one afternoon	viens un après-midi
every other Monday, every second Monday	un lundi sur deux
every Saturday	tous les samedis
every Saturday evening or night	tous les samedis soirs
I spent the whole Sunday doing the cleaning	j'ai passé tout mon dimanche à faire le ménage
all her Sundays	tous ses dimanches
in the early afternoon/ evening	au début de l'après-midi/de la soirée, en début d'après-midi/ de soirée
I'll phone him first thing in the morning	je lui téléphonerai en tout début de la matinée
in the middle of June, mid-June	au milieu (du mois de) juin, (à la) mi-juin
in the middle of winter, mid-winter	au milieu de l'hiver
I've a meeting late morning	j'ai une réunion à la fin de la matinée ou en fin de matinée
at the end of winter	à la fin de l'hiver
we'll talk about it again at the end of January	on en reparlera fin janvier *ou* à la fin du mois de janvier
what day is it today?	quel jour sommes-nous aujourd'hui ?
what's the date?	le combien sommes-nous ?
it's the third of April	c'est le trois avril
in February	en/au mois de février
in 1996	en 1996
in the summer of 1996, in summer 1996	l'été 1996
in the sixties, in the 60s,	dans les années soixante in the 1960s
in the early/late sixties	au début/à la fin des années soixante
in the seventeenth century in the 17th C	au dix-septième siècle au XVIIᵉ

Index